EU-odysseia

Timo Ranta

Kustantaja: BoD - Books on Demand, Helsinki, Suomi
Valmistaja: BoD - Books on Demand, Norderstedt, Saksa
ISBN: 978-952-339-285-4

Prologi

10. heinäkuuta 1944 Vilho Jalmari Ranta viettää yön vartioiden Suomen rajaa Vuosalmella. Hän pelkää, että "naapuri" tulee rajan yli noin 50 metrin päästä ja tappaa hänet. Hän on 18-vuotias.

Vilhon kohtalo liittyy kansainvälisen politiikan täydelliseen epäonnistumiseen. On vain sattumaa, että hänellä oli poika, joka kirjoittaa tätä tekstiä.

1. Oppivuosi

Matkani Eurooppaan alkoi maaliskuisena sunnuntaina vuonna 1992. Tungin toimistoni viimeiset tavarat vuokrattuun pakettiautoon ja katselin kun puuterilumi leijaili öisellä parkkipaikalla. Vasta käynnistäessäni moottoria huomasin, etten ollut jättänyt mitään lähtöviestiä kenellekään. Hätkähdin, sillä asetelma oli tuttu. Asuessani Chicagossa sain tuttaviltani lempinimen Katoava Suomalainen, koska häivyin mielelläni yön selkään sanomatta kenellekään mitään.

Palasin takaisin toimistooni ja hain kopiokoneesta paperiarkin. Pitkän miettimisen jälkeen kirjoitin siihen uuden työosoitteeni, en mitään muuta. Kopioin paperin kaikkiin postilokeroihin ja lähdin.

Kolmas Nainen -yhtyeen *Tästä asti aikaa* alkoi soida radiossa, kun pääsin valtatielle. Silloin tiesin, että paluuta ei ole.

Kun Helsingin punertava kajo ilmestyi taivaanrantaan, olin ajatellut kaiken valmiiksi. Jätän väitöskirjahaaveet vähäksi aikaa ja teen jotain napakkaa. En tosin tiennyt mitä.

Olin päässyt tutkijaksi projektiin, jonka tarkoitus oli selvittää mahdollisen EY-jäsenyyden vaikutukset suomalaisiin kuluttajiin. Puhuttiin kuluttajista, koska oltiin kauppakorkeakoulussa.

En ollut erityisen innostunut koko projektista. Halusin vain päästä Helsinkiin.

Kun ensimmäinen viinipullo korkattiin Liisankadun kommuunissani, tiesin että juuri tätä tarvitsin. Taloni katolta näin mielestäni koko Helsingin, joka hengitti ja humisi allani. Haistelin ilmaa, joka oli ihana cocktail keväistä merta, tupakansavua ja kadulla kulkevien naisten parfyymeja. Olin kotona.

Työhuoneeni kauppakorkeakoulussa oli pieni mutta viihtyisä. Ikkunastani näki Runeberginkadulle, josta kantautui ratikan kolinaa pitkin iltaa, kun yritin saada tutkimusaiheestani otetta.

Tunsin integraatioteoriat mutta en keksinyt tapaa, jolla yhdistäisin ne suomalaiseen kuluttajaan. Päätin käyttää suurinta ja kenties ainoata vahvuuttani tutkijana, haastattelutaitoa. Lähdin kaupungille.

Suomen integraatiotutkimus oli keväällä 1992 lähes kokonaan taloustieteilijöiden käsissä. He olivat kiitollisia haastateltavia. Sanottavaa oli kertynyt paljon.

Suuri linja alkoi hahmottua, kun katselin haastattelujani paperilla. Integraatio ei tapahdu itsestään. Siitä ei tule automaattisia hyötyjä kenellekään, koska mikrotalous pyörii ihmisten varassa.

Olin niin innostunut aiheestani, että vietin kaiken aikani Runeberginkadulla. Rautatientori näytti sotatantereelta, kun kävelin töihin vapunpäivän aamuna. Aseman kulmalla nukkui siististi pukeutunut nuorimies ylioppilaslakki silmillä.

Sain riemukseni rahat Brysselin-matkaan. Halusin selvittää, miltä asia näyttää sieltä päin.

Laskeuduin Zaventemin lentokentälle kesäkuisena tiistaina. Ensimmäinen havaintoni oli pakahduttava kuumuus. Huomasin etsiskeleväni roskakoria, johon voisin jättää villaisen bleiserini, tutkijan univormun.

Terminaali toi mieleeni 1970-luvun James Bond
–elokuvat: tupakansavua, nuhjaantuneita
ylellisyystavaroita ja cocktail-baari.

Kun taksi kaartoi rautatieasemalta kohti
Brysselin eteläistä keskustaa, ihastelin
monumentaalisia rakennuksia, jotka olivat omituinen
sekoitus Pariisia, Amsterdamia ja Moskovaa.

Hotellini ikkunasta näkyi loputon meri
punatiilisiä harjakattoja. Bryssel vaikutti valtavalta
kylältä. Asetuin sängylleni lepäämään.

Juuri sillä hetkellä naapurihuoneesta alkoivat
kantautua rakastelun äänet. Ne jatkuivat huomattavan
pitkään. Arvelin, että kyseessä oli hyvä merkki. Bryssel
toivottaa minut tervetulleeksi.

Iltalenkkini suuntautui Kuninkaalliseen puistoon. Näin
ensimmäistä kertaa elämässäni puskissa piileskeleviä

kiilusilmäisiä miehiä. Kuninkaanlinnan valtava lippu oli mielestäni kovin likainen.

Aamulla, herättyäni etuajassa päätin kävellä haastateltavieni luokse. Se oli hyvä idea, koska sain ensi kosketukseni brysseliläiseen liikennekulttuuriin. Siihen kuuluu muun muassa mahdollisuus pysäköidä keskelle katua, jos muistaa laittaa varoitusvilkut päälle. Mietin mitä siitä seuraisi Mannerheimintiellä.

Hämmästyin haastateltavien avoimuudesta. Kävi ilmi, että Brysselissä ei juuri ole salaisuuksia. Nimeltä mainiten kerrottiin, kuka Euroopan komissiossa ajaa mitäkin ja kuka haraa vastaan. Suomalainen tutkija herätti sympatiaa, mutta se ei ollut minulle uutta.

Päiväni päättyi Luxemburgin aukiolle, joka on nykyään EU-korttelin huvielämän keskus. Kesäkuussa 1992 sen baarit olivat vielä täynnä päätoimisia asianharrastajia. Olutta tarjottiin pienistä laseista mutta se oli kylmää ja hyvää.

Kun lähdin aamukuudelta taksilla kentälle, hämmästelin yökerhoista purkautuvaa väkeä. "Se on normaalia", sanoi taksikuski. Huomasin myöhemmin, että brysseliläiset käyttävät mielellään sanaa normaali. Se vapauttaa sekä puhujan että kuulijan vastuusta.

Syksyllä istuin työhuoneessani entistä tiiviimmin. Yritin liittää suomalaisen kuluttajan kohtaloa laajempiin yhteyksiin, mutta vältin visusti kannanottoja, jotka olisivat tulkittavissa kommenteiksi EY-jäsenyyden puolesta tai sitä vastaan.

Lueskelin kuitenkin vapaina hetkinäni juuri hyväksyttyä Maastrichtin sopimusta. Se oli mielestäni yllättävän helppolukuinen. Pidin erityisesti sopimuksen alkupäästä, jossa olin aistivinani jopa eräänlaista paatosta.

Jätin kuitenkin syntymässä olevan Euroopan unionin rauhaan ja päätin keskittyä talouteen, josta muutenkin Suomessa puhuttiin enemmän.

Marraskuun 10. päivä 1992 oli tuulinen ja kolea loppusyksyn tiistai. Tutkimukseni julkistettiin Kuluttajatutkimuskeskuksessa, jonne kävelin Pitkääsiltaa pitkin. Olin kirjoittanut raporttiin napakan tiivistelmän, jotta edes muutama toimittaja vaivautuisi paikalle. En oikeastaan jännittänyt koko tilaisuutta, koska tutkimuksesta puhuminen oli minulle tuttua ja mieluisaa puuhaa.

Ihmettelin miksi tutkimuskeskuksen pihalla oli lautasantenneilla varustettuja autoja ja marssin tomerasti saliin, jossa tutkimus oli tarkoitus julkistaa.

Se oli tupaten täynnä. Useita tv-kameroita. Huomasin, että suutani alkoi kuivaa.

Seisoin salin takaosassa hetken ja yritin saada hengitykseni tasaantumaan. Mieleeni tuli jostain syystä armeijanaikainen ensimmäinen hyppyni toukokuiseen mereen. Hengitys tasaantui. Kävelin rauhallisesti salin etuosaan ja aloitin.

Muistan loppupäivän omituisina katkelmina eri puolilta Helsinkiä: Kuluttajatutkimuskeskuksen aulassa toimittajien ympäröimänä, Foorumin ostoskeskuksessa puhumassa Ylen iltauutisille ja illan pimetessä Pasilassa puhumassa radiolle. Joka paikasta tuntui eteeni työntyvän mikrofoni.

Kun kävelin Pasilassa kohti rautatieasemaa, huomasin etten ollut syönyt mitään koko päivänä. Istahdin aseman läheiseen pubiin syömään pizzaa. TV:stä tuli Urheiluruutu. Tuli outo tunne, että jotkut asiakkaista katsoivat minua sivusilmällä. Tajusin, että mediapyöritys ei tee minulle hyvää.

Kommuunissani sain kuulla, että olin TV-uutisten kakkosaihe heti presidentti Koiviston puheen jälkeen. Näin haastattelun myöhemmin videolta vanhempieni luona. Katselin ruudulla puhuvaa hahmoani, joka sanoi, että "EY-jäsenyydessä on kyse paljon hintojen muutosta syvällisemmästä muutoksesta". Aloin käsittää, miksi aiheutin moisen hälinän.

Seuraava keskiviikkoaamu oli kuitenkin mukavan rauhallinen. Kävelin Espan kautta töihin ja ajattelin, että se siitä.

Rauhaa kesti kuitenkin vain siihen asti kun sain nimettömän puhelun. Vanhempi miesääni haukkui minua puhelimessa epäisänmaallisuudesta, kun vastustan EY-jäsenyyttä. Kysyin, mistä hän oli saanut sen vaikutelman. Vastaus: Helsingin Sanomista.

Juoksin kauppakorkeakoulun kirjastoon. Juttua ei ollut vaikea löytää. Sille oli varattu kokonaiset puoli sivua kotimaan osaston paraatipaikalta. Ja toden totta, toimittaja kirjoitti jutun alussa, että "Suomalaisille on integraatiosta luotu ylisuuria odotuksia, eivätkä poliittiset lupaukset välttämättä vastaa käytännön kehitystä." Väite laitettiin minun suuhuni.

Suutani alkoi taas kuivata.

Yleisönosastoille alkoi myös ilmestyä tutkimusta ihmetteleviä kirjoituksia. Niihin vastatessani huomasin terästäytyväni. Niin kauan kuin olen keskustelun osapuoli, kaikki on hyvin.

Päätin myös vastata kaikkiin luentopyyntöihin myöntävästi. Eräissä illanistujaisissa aloin kuitenkin katua tätä päätöstä, kun jouduin kumoamaan täysin päättömiä puheita. Tuotin pettymyksen, kun en ollutkaan se kaivattu kapinakenraali.

Olin erityisen tyytyväinen, kun Esko Antola kutsui minut Turkuun puhumaan. Hän kuitenkin esitteli minut yleisölle "henkilönä, joka on epäillyt EY-jäsenyyden hyötyjä".

Päätin antaa periksi ja ryhtyä tekemään jotain muuta - vain vajaa vuosi uuden alkuni jälkeen.

2. Ojasta noustaan

1990-luvun alku oli julmaa aikaa. Onnettomia olivat ne, jotka juuri silloin yrittivät asettua työmarkkinoille. Puolen vuoden työmääräys oli onnenpotku. Pysyvä työsopimus oli paratiisi, jota ei ehkä ole olemassakaan.

Olin jo kokeillut kananmunanpakkaajan, lähetin, puutarhurin, vartijan, järjestysmiehen, puhelinmyyjän ja toimistosihteerin uraa. Yritin epätoivoisesti roikkua tutkijan töissä.

Tutkin asioita, joille löytyi rahoitusta. Niihin kuuluivat siihen aikaan energiansäästö ja ympäristötalous. Parissa vuodessa keksin mielestäni selitysmallit sekä ihmisten energiansäästö- että kierrätyskäyttäytymiselle. Arvelin, että tämäkin tutkimustrendi menee kohta ohi, kun rahoittajat keksivät seuraavan.

Himoitsin töitä niin paljon, että hakeuduin kaikkiin seuroihin, joista arvelin niitä löytyvän. Yksi niistä oli Lasse Lehtisen luotsaama Euroklubi.

Katselin kiinnostuneena Euroklubin tilaisuuksissa ympärilleni. Minusta näytti siltä, että paikalla olivat juuri ne voimat, jotka olivat ennenkin pitäneet Suomea pystyssä: teollisuus, upseerikunta ja edistykselliset tiedotusvälineet. Yritin näyttää itseäni vanhemmalta.

Muutin rahapulan takia opiskelija-asuntoon Espoon perimmäisessä nurkassa. Meinasin myöhästyä EU-kansanäänestyksestä, kun juutuin ryteikköön yrittäessäni oikaista metsän halki koululle, jossa äänestys tapahtui.

16.10.1994 kello 19.55 ryntäsin kuitenkin hikisenä vaalihuoneistoon ja äänestin KYLLÄ.

Euroklubi kokoontui vaali-iltana Hotelli Pasilaan, josta pääsi näppärästi antamaan TV-haastatteluja. Kun tulos oli selvä, kabinetissa olleeseen TV-ruutuun ilmestyi presidentti Ahtisaari pitämään historiallista puhetta.

Lasse Lehtinen istui pöydän päässä sikaria poltellen - omituisen vakavan näköisenä.

Kyllä-puolen jatkot pidettiin Katajanokalla Vanhassa satamassa. Havaitsin hiukan liian myöhään, miten vahvaa sinertävä booli oli ja siirryin valaisemattomaan sivuhuoneeseen keräämään voimia.

Huomasin lähistölläni pienen joukon, jonka keskellä oli pitkä vaalea mies, jota kaikki kuuntelivat. Muistin nähneeni hänet EU:ta koskevissa TVväittelyissä kumoamassa kaikkein hulluimpia väitteitä. Sitten tuli nimikin mieleen - Reijo Kemppinen. Hän oli Eurooppa-tiedotuksen pioneeri Suomessa.

Hivuttauduin lähemmäksi. Reijo selitti ulkomaisille toimittajille rauhallisesti ja selkeällä englannilla Suomen ulkopoliittista asemaa jäsenyyden myötä, vaikka oltiin jo yön puolella.

Hakeuduin vähin äänin yöbussiin kuuntelemaan humalaisten örinää.

Vietin myös yhden syksyisen päivän ulkoasiainministeriön soveltuvuustesteissä. Ministeriössä oli vallinnut laman syvimmän kuopan ajan rekrytointikielto, ja kolmen vuoden tauon jälkeen posti oli tuonut taloon 1804 hakemusta. Pidin mahdollisuuksiani vähäisinä, joten otin testeissä monenlaisia riskejä. Ryhmäkeskustelussa huomasin vaientavani kaikki muut ja ajattelin, että pieleen meni.

Hämmästykseni oli suuri, kun löysin itseni lopulta valintalautakunnan haastattelusta. Päätin jatkaa riskinottoa ja puhuin iloisesti muun muassa talouspolitiikasta rahaliiton oloissa. Kaikki meni mielestäni hyvin, kunnes ilmeisesti Ruotsalaisen kansanpuolueen edustaja kysyi ruotsiksi, mitä kieltä käyttäisin pohjoismaisessa yhteistyössä. Vastasin ruotsiksi, että ruotsia mutta jos baltit olisivat mukana niin englantia. Tuohtunut kysyjä tiedusteli, haluanko baltit mukaan pohjoismaiseen yhteistyöhön. Vastasin, että javisst.

Idiot, idiot, idiot, hoin itselleni, kun kävelin Katajanokan katuja takaisin kohti kauppakorkeaa. Siellä odotti hämärä työhuone ja kasa lukemattomia graduja.

Eräänä iltapäivänä viimeistelin työhuoneessa konferenssiartikkelia energiansäästön markkinoinnista. Olin lähdössä ulos inspiroitumaan sikarin avulla, kun puhelin soi. Iloinen naisääni onnitteli minua valinnasta ulkoministeriöön. Sikarin äärellä ajatukset eivät meinanneet millään pysyä energiansäästössä.

2.1.1995 astuin ensimmäisen kerran Merikasarmin pääovesta sisään - juuri kun Suomesta oli tullut EU:n jäsen. Päälläni oli ainut tumma puku, jonka omistin. Kun vilkaisin itseäni peilistä, pohdin näkyykö se päälle.

Talvi oli hyvin kylmä ja luminen. Istuin aamusta iltaan kuuntelemassa valmennuskurssin luentoja, ja käytin kaiken vapaa-aikani samoillen tuulisella merenrannalla haukkomassa happea. Elettiin piirtoheitinkalvojen kulta-aikaa, ja kurssilehtemme kannessa komeilikin piirtoheitin. Huomasin, että vuosikurssini piti sisällään jonkinlaista kolmekymppisten kapinaa. Kun marssimme venäläistyyliin lumisella Punaisella torilla, aloin jo pelätä, että päädymme putkaan ja Iltalehden kanteen.

Päädyimme kuitenkin omille tahoillemme Merikasarmin uumeniin. Ulkoministeriö on ilmeisesti sen jälkeen tarkistanut rekrytointikriteereitään, koska nykyään uusilta diplomaateilta vaaditaan kuulemma muun muassa nöyryyttä.

Jos tuo kriteeri olisi ollut käytössä syksyllä 1994, istuisin luultavasti edelleen kauppakorkeakoululla väliaikaisena assistenttina.

Ulkoministeriössä kotiuduin hiljattain perustettuun EU-sihteeristöön. Sisäisissä kokouksissa havaitsin, etten tiedä EU:sta mitään. Hoidin ensin sisämarkkina-asioita, ja minulla oli vaikeuksia jopa EU-kokousten asialistojen ymmärtämisessä.

Koko ajan tuuppasi faksi kuitenkin uusia asialistoja, ja ohjeita läheteltiin. Jo silloin hoksasin, että asiat selviävät ajallaan, kun malttaa niitä hoitaa, vaikka sitten ymmärrystä teeskennellen.

Eräänä aamuna työhuoneeni ovelle ilmestyi hymyilevä nuorimies, joka ilmoitti: "moi, mä oon Alex, mä muutan sun työhuoneeseen." Alexista tuli pysyvä matkakumppani. Hänen spontaani suoruutensa sopi yllättävän hyvin yhteen varautuneen varsinaissuomalaisen fundeerauksien kanssa.

Ulkoministeriön vanha kaarti suhtautui Alexin säteilyyn varautuneemmin. Hänen tittelinsä muutettiin vierailuohjelmissa systemaattisesti neuvonantajasta tutkijaksi. Koetin lohduttaa, että hän ei sentään ole määräaikainen avustaja niin kuin huonekumppaninsa.

Suomen EU-politiikan sisältö viimein kirkastui minulle, kun sain käsiini valtioneuvoston selonteon Suomen EU-politiikan suuntaviivoista. Se oli laadittu helmikuussa 1995.

Huomioni kiinnittyi tuossa selonteossa erityisesti osioon, jonka otsikkona oli "Pohjoinen ulottuvuus". Sen alla puhuttiin muun muassa Suomen harvaanasutuista alueista, pohjoisesta maataloudesta ja jopa pohjoismaisista arvoista.

Ajattelin, että näiden teemojen täytyi liittyä jotenkin Suomen liittymisprosessiin, koska niitä piti näin voimallisesti korostaa.

Muutamaa vuotta myöhemmin huomasin, että olin käsittänyt pohjoisen ulottuvuuden täysin väärin. Sillä ei ollutkaan mitään tekemistä Suomen karujen olojen kanssa vaan kyse oli Venäjästä. Ihmettelin, miten nokkelasti valtioneuvosto osasi asian naamioida ensimmäisessä EU-selonteossaan.

Eräänä huhtikuisena aamuna sain erityistehtävän. Työhuoneeseeni kannettiin valtava kasa papereita, ja työtehtävä oli suunnilleen seuraava: "Katso noita. Kukaan ei tiedä, mitä niille pitäisi tehdä."

Aloin käydä kasaa läpi. Päätin eritellä paperit ensin sen perusteella, minkä näköisiä niiden kansilehdet olivat: kirjeet tuohon, päätöslauselmat tuohon, kirjalliset kysymykset tuohon. Ei mennyt kuitenkaan pitkään, ennen kuin huomasin, että kaikilla papereilla oli yksi yhteinen nimittäjä: Niissä mainittiin Euroopan parlamentti.

En silti vieläkään tiennyt, mitä niille pitäisi tehdä.

Ryhdyin selvittämään tämän mystisen parlamentin sielunelämää. Jonkin ajan kuluttua tulin siihen tulokseen, että sitä pitäisi jotenkin seurata. Kirjoitin aiheesta lyhyen muistion ja jakelin sitä kollegoilleni. Päätettiin kiireesti pystyttää Euroopan parlamentin seurantajärjestelmä. En tiennyt, että tämä paperinpyöritys veisi minut myöhemmin huimiin seikkailuihin paikan päällä.

Toinen varhainen sankaritekoni liittyi Suomen ensimmäiseen Eurooppa-päivään. Eurooppa-ministerille piti kirjoittaa tuon päivän kunniaksi puhe, joka oli tarkoitus pitää iloisessa kansanjuhlassa Esplanadilla.

Istuin keväisiä iltoja työhuoneessani ja yritin nostattaa Eurooppa-henkeäni kiipeämällä välillä ikkunasta katolle sikaria polttelemaan. Arvelin, että puheen tulisi olla hyvin hurmoshenkinen, jotta juhlakansalle aukeaisi EU-jäsenyyden ihanuus.

Hämmästyksekseni puheeni meni lähes sellaisenaan ministerin taskuun, kun hän lähti Espalle.

Päätin pyöräillä paikalle, koska puhe pidettiin sopivasti työpäiväni päätteeksi.

Kun saavuin Kappelin vieressä olevalle puhujalavalle, ihmettelin olinko tullut väärään paikkaan. Penkeillä istui muutama vanhus ja joukko herroja, joita ei elähdyttänyt niinkään Eurooppa-henki vaan pullon henki.

Ministeri luki puheensa nopeasti ja viis veisaten siihen merkityistä dramaattisista tauoista. Katselin lavan vieressä yksin leijuvaa EU-ilmapalloa, ja mietin, olinko sittenkään pelannut oikeaa hevosta.

Kontolleni tuli myös muiden EU-maiden eurooppaministereiden vierailujen järjestäminen. Erityisesti syöpyi mieleeni Saksan eurooppaministerin seurueen saapuminen Tallinnan lentokentälle, jossa olin heitä vastassa. Juuri kun autosaattue kaartoi eteeni, tajusin että olin kyllä ilmoittanut henkivartijan aseen numeron Helsingin lentokentälle mutta Tallinnan lentokentän olin kokonaan unohtanut. Kun selitin asiaa kentän turvallisuuspäällikölle, hän räjähti nauramaan: "Saksalainen ministeri saa tulla tälle kentälle vaikka tykki mukanaan!"

Horjuva Eurooppa-henkeni sai vahvistusta, kun pääsin kokonaisen viikon kestävälle opintomatkalle Brysseliin vuoden lopussa. Sain ensimmäistä kertaa tutustua muun muassa Euroopan komission huikaisevaan Borschette-konferenssikeskukseen, joka edustaa neuvostoarkkitehtuuria sekä sisältä että ulkoa.

Konferenssissa havaitsin ensimmäisen kerran, että suomalaisen on pakko käyttää sisuaan, jos haluaa saada äänensä kuuluviin. Italialainen voi nimittäin puhua loputtomiin, ellei häntä keskeytä.

Eräänä marraskuisena tiistai-iltana saavuin EU-edustustoon, jossa valmisteltiin seuraavan päivän suurlähettiläskokousta. Esittäydyin edustuston päällikkö Antti Satulille, joka sanoi olevansa tyytyväinen, että "Helsinki" käy paikan päällä katsomassa, miten asiat toimivat.

Seuraavan päivän suurlähettiläskokouksessa ymmärsin, mitä hän tarkoitti. Oltiin jo loppuillassa, ja lähettiläät olivat juuttuneet kiistelemään Itä-Eurooppaan ja Venäjälle suunnattavan rahoituksen tulevaisuudesta. Asia oli niin jumissa, että erään eteläisen jäsenmaan suurikokoinen lähettiläs ilmoitti, että sen voi hyvin jättää ensi vuoteen. Ei Venäjällä kukaan näitä rahoja kaipaa. Antti otti välittömästi puheenvuoron ja ilmoitti, että päätös on nyt tehtävä ja kokousta on jatkettava kunnes asiasta syntyy sopu.

Kokousta jatkettiin ja sopu syntyi.

3. Miehuuskoe

Tammikuu 1996 vei minut Kaikkein Pyhimpään eli ulkoasianministeriön poliittiselle osastolle. Ulkoministerin huone oli vain muutaman askeleen päässä. Työ sujui kuitenkin hyvin leppoisissa merkeissä. Tuon tuosta joku ilmestyi huoneeseeni pohtimaan vaikkapa, että miten Suomen pitäisi suhtautua EU:n puolustuspolitiikan kehittämiseen.

Käynnissä oli ensimmäinen EU:n hallitustenvälinen konferenssi, johon Suomi osallistui. Suomi sai siis ensimmäistä kertaa olla päättämässä, miten muutetaan EU:n perustamissopimuksia. Sekaannuin hankkeeseen mielelläni, koska tunsin Maastrichtin sopimuksen melko hyvin lueskeltuani sitä huvikseni.

Lopulta istuin sihteerinä siinä työryhmässä, jossa päätettiin mitä tehdään. Päätös oli yksinkertaisuudessaan nerokas: Suomen pitää ehdottaa jotain, jottei synny mielikuvaa, että haluamme jarruttaa EU:n puolustuspolitiikan kehittämistä.

Loppukeväästä aloite oli valmis, ja se julkaistiin Suomen ja Ruotsin ulkoministerin nimissä. He halusivat luoda EU:lle valmiudet toteuttaa kriisinhallintaoperaatioita. Monien vaiheiden jälkeen aloite meni lähes sellaisenaan läpi ja sen sisältö on edelleen EU:n kriisinhallinnan perusta.

Kriisinhallinta-aloitteen taival ei ollut kuitenkaan auvoinen alusta lähtien. Erityisesti Iso-Britannia suhtautui siihen vihamielisesti, koska siihen aikaan britit kokivat tehtäväkseen puolustaa Naton ensisijaisuutta myös EU:n sisällä.

Eräänä keväisenä perjantaina sain rennon oloisen kutsun Britannian suurlähetystön happy houriin. Tarjolla oli siis ilmainen baari Kaivopuistossa - tarjous, josta suomalaisen on vaikea kieltäytyä.

En kuitenkaan päässyt suoraan baarin antimien ääreen, vaan minut ohjattiin neuvotteluhuoneeseen ja ovi pantiin kiinni. Seurasi tiukka tenttaus: minkä ihmeen takia Suomi haluaa antaa EU:lle sotilaallista toimivaltaa, eikö teidän pitänyt olla liittoutumaton ja Naton hyvä ystävä?

Ärsyynnyin opettavasta sävystä niin paljon, että ilmoitin aloitteen etenevän ulkoministerin hyvässä ohjauksessa. Tarvittaessa sopii soittaa hänelle.

Siirryimme happy hourin puolelle ja olimme niin kuin mitään ei olisi tapahtunut. Ammattimiehiä.

Pari vuotta myöhemmin olikin Britannia sitten itse ehdottamassa, että EU:lle luodaan itsenäinen toimintakyky sotilaallisessa kriisinhallinnassa.

Eräänä keväisenä yönä istuskelin työhuoneessani kirjaamassa jotain aloitteeseemme liittyvää keskustelumuistiota. Kuulin, että käytävältä lähestyivät kopisevat askeleet ja arvelin, että yövartija oli tulossa sammuttamaan valoja. Oveltani kuului kuitenkin yhtäkkiä napakka naisääni, joka lausui seuraavaa: "Eikö sinulle ole kerrottu, että täällä ei saa yöpyä?"

Käännyin kauhuissani katsomaan. Se oli ulkoministeri Tarja Halonen, joka sanoi kiireesti hymyillen perään, että hän kantaa vain huolta henkilöstön hyvinvoinnista.

4. Parsaa ja politiikkaa

Ensimmäinen ulkomaankomennukseni oli Suomen EU-edustusto Brysselissä. Katselin elokuisena iltapäivänä, kun tavarani pakattiin 17 neliön asunnostani pieneen kuorma-autoon. Se ei tullut edes puolilleen. Brysselissä asunnossani oli tenniskentän kokoinen olohuone mutta ei sitten juuri muuta. Lauleskelin siinä suomalaisia kansanlauluja ja ihastelin kaikua.

Päätin mennä esimieheni Antti Satulin huoneeseen esittäytymään heti kun ensimmäinen vapaa aika löytyi. Yllätyksekseni hän kysyi alkajaisiksi, miten Brysseliin asettautuminen on sujunut. Sanoin, että huonekalut ovat vasta matkalla mutta muuten ei ole valittamista. Hän vastasi, että kotiasiat kannattaa laittaa kuntoon ennen kuin ryhtyy liikaa töissä raatamaan. Viisas neuvo.

Nyt löysin jälleen Euroopan parlamentin edestäni. Tehtäväni oli seurata sen toimintaa ja raportoida siitä tarvittaessa Suomeen.

Parlamentti toimi tuolloin vielä Euroopan neuvoston tiloissa kokoontuessaan Strasbourgissa. Rakennus oli aikamatka jonnekin 1960-luvun alkuun: paljon pitkiä, pimeitä käytäviä, kaikkialla kokolattiamatot ja väriskaalana ruskean eri sävyt.

Panostin alkajaisiksi siihen, että pääsen tarvittaessa nopeasti kokoussalista toiseen. Siihen löytyi yllättävä kikka: Jos ovessa luki "passage interdit" (läpikulku kielletty), se piti yleensä takanaan jonkin oivan oikoreitin. Tästä tiedosta oli myöhemmin paljon hyötyä Suomen puheenjohtajakaudella.

Toinen haasteeni oli asiakirjojen mahdollisimman aikainen saanti. Löysin monta konstia, joilla pystyi hankkimaan parlamentin päätöksen monta tuntia ennen kuin se oli varsinaisesti julkaistu. Piti vain tietää, missä huoneessa mitäkin vaihetta kirjattiin paperille. Tästäkin oli jatkossa monenlaista hyötyä.

Sitten piti tietysti kehittää konstit, joilla voi etukäteen selvittää, mitä päätöksiä oli tulossa. Kokeilin onneani kaikissa mahdollisissa paikoissa - parlamentin baareissa, lehdistökeskuksessa, valiokuntien kokouksissa ja poliittisten ryhmien liepeillä. Kävi ilmi, että olennaisinta on olla oikeassa paikassa oikeaan aikaan.

Yksi näistä hetkistä oli, kun ilmaannuin sattumalta paikalle, jolle saapuivat ensimmäiset suoralla vaalilla valitut suomalaiset europarlamentaarikot. Esittäydyin kaikille ja vastaanotto oli enimmäkseen ystävällinen. Vastaanottopiste oli kuitenkin jostain syystä korkeiden portaiden yläpäässä, ja joillekin tuo nousu oli pitkän matkan jälkeen liikaa.

Suurin osa ajastani meni kuitenkin parlamentin täysistunnoissa, joista siihen aikaan oli tapana raportoida Helsinkiin. Huvittelin erään kollegan kanssa lyömällä aina vetoa siitä, miten pitkään komission puheenjohtaja Jacques Santer pystyi puhumaan sanomatta taikasanoja "l'Europe sociale" (sosiaalinen Eurooppa).

Hiukan historiattomalle suomalaiselle Euroopan parlamentti avasi kuitenkin myös järisyttäviä näkymiä lähimenneisyyteen. 15.12.1998 sosialistiryhmän puheenjohtaja Pauline Green puhui täysistunnossa syntymäpäiviään viettävälle puhemies Klaus

Hänschille. Kun päästiin puhemiehen viettämiin hetkiin Dresdenin pommituksissa, en voinut enää pidätellä itkua.

Eräänä keväisenä yönä istuin jälleen parlamentin työhuoneessani näpertämässä raporttia viinilasin ääressä. Siirryin parvekkeelle pimeään ja helteiseen yöhön sikarille. Juuri sillä hetkellä kuulin työhuoneeni radiosta ensimmäisen kerran Andrea Bocellin *Con te partiròn*. Tunsin nenässäni Välimeren tuoksun. Tätä on Eurooppa!

Euroopan parlamentti oli tuohon aikaan suomalaisen diplomaatin paratiisi. Kontaktien luominen oli lähes lapsellisen helppoa, koska kaikkia tuntui kiinnostavan saada yhteys tämän reippaan uuden jäsenmaan hallintoon. Pelkästään syksyllä 1996 jaoin yli kolmesataa käyntikorttia.

Tästä syystä tietysti myös omat kansioni olivat täynnä käyntikortteja. Päätin, että niitä on ryhdyttävä käyttämään hyväksi. Jälleen ratkaisu oli yksinkertainen mutta toimiva.

Keksin, että valtavaan olohuoneeseeni mahtuu lähes sata henkeä vastaanotolle. Järjestin niitä säännöllisin väliajoin, ja osallistujalista piteni pikku hiljaa.

Yhtä asiaa en kuitenkaan tullut ajatelleeksi: belgialaiset naapurit. Belgialaisille kotirauha on kaikki kaikessa, ja kutsuillani oli taipumus venyä aamuyön puolelle. Kävi myös ilmi, että kuntani järjestyssääntö kieltää metelin kello yhden jälkeen yöllä. Kello yhden jälkeen ilmestyikin ulko-oveni eteen yleensä poliisiauto, ja vieraat oli pakko hätistää ulos.

Eräänä iltana kävi kuitenkin niin, että yksi vieraistani, erään tuttavani flaamilainen ystävätär, huomasi poliisiauton ja sanoi haluavansa mennä itse ulos. Hetken päästä hän saapui sisään ja sanoi, että juhlat voivat jatkua. Poliisiauto oli kadonnut.

Kysyin miten ihmeessä hän sen teki. Vastaus: "olen poliisi".

Olin vasta oppimassa maan tavoille.

Pääsin uudessa tehtävässäni myös ensimmäistä kertaa istumaan Suomen kyltin taakse EU:n neuvoston työryhmään. Siihen aikaan keskustelut käytiin vielä pääosin ranskaksi, mistä oli monenlaista hyötyä. Opin muun muassa sanomaan ilkeät asiat kauniisti, minkä arvelin kuuluvan toimenkuvaani.

Tuli myös vaihe, jolloin tälle taidolle tuli konkreettista käyttöä. Suomalainen EU:n oikeusasiamies Jacob Söderman nimittäin valitti, että EU:n neuvosto salailee oikeus- ja sisäasioihin liittyviä asiakirjojaan. Se oli tietysti totta. Enemmistö jäsenmaista katsoi, että näin juuri kuuluukin olla ja koko asia ei sitä paitsi oikeusasiamiehelle kuulu.

Minulla oli kuitenkin tiukat ohjeet vaatia, että oikeusasiamiehen toimivalta tässä asiassa tunnustetaan ja hänelle toimitetaan pyytämänsä tiedot niiltä osin kuin salaamiselle ei ole nimenomaista perustetta.

Tämä linjaus oli kuin suoraan Suomen ja Ruotsin lainsäädännöstä ja se herätti muissa jäsenvaltioissa lähinnä huvittuneisuutta. Mieleeni kuitenkin palautui Antti Satulin neuvottelutaktiikka ja kieltäydyin keskeyttämästä asian käsittelyä työryhmässä.

Onnekseni koituivat Britannian parlamenttivaalit, joissa valtaan nousi Tony Blair. Yksi uuden brittihallituksen Eurooppa-linjauksista oli avoimuuden korostaminen. Kun Britannia vakuuttui siitä, että oikeusasiamiehelle oli annettava asiallinen vastaus, asetelma kääntyikin päälaelleen. Se olikin yhtäkkiä kaikkien mielestä hyvä idea.

Tajusin, että lauman logiikka toimii myös EU:ssa.

Työryhmäni hyviin puoliin kuului se, että vietimme paljon aikaa yhdessä Strasbourgissa. Perinteeksemme muodostui illallistaa täysistuntoviikon keskiviikkona, ja tavoitteena oli illallistaa joka kerta eri ravintolassa. Hämmästyin miten hyvää raskas alsassilainen ruoka voi olla, kun on koko päivän riutunut parlamentin käytävillä.

Työryhmämme sai myös aina kutsun Strasbourgin kaupungin perinteisille parsajuhlille, jotka järjestetään kaupungin ulkopuolella toukokuussa. Yleensä istuimme yhteisessä pöydässä.

Saavuin kuitenkin ensimmäisille parsajuhlille myöhässä, koska taksini harhaili pimeillä Alsassin pelloilla pidemmän aikaa. Ystävällinen nuorimies ilmoitti ovella, että yksi paikka on vielä vapaa.

Se oli oikeistopopulisti Jean-Marie Le Penin ja hänen henkivartijansa välissä. En ollut tiennyt, että pystyisin ylistämään Ranskan suuruutta kolmen tunnin ajan.

Seuraavana aamuna työhuoneeni ovelle ilmestyi ranskalainen kollega, joka kyseli mitä ystävälleni Jean-Marielle kuuluu. Toivoin hartaasti, että hän sanoi sen leikillään.

EU:n työrytmi tyhjensi akkuni siinä määrin, että päätin lähteä Suomeen lepäämään kesälomani ajaksi. En huomannut varata lentoja ajoissa, joten astuin muina miehinä junaan Brysselin pohjoisella asemalla ja suunnistin kohti pohjoista. Makuuvaunussa seurassani olivat Jean Monnet'n muistelmat ja samppanjapullo. Katselin auringonlaskua Ardenneiden rinteillä ja ajattelin, miten onnellinen olin.

Loman jälkeen huomasin Tukholmassa, että viimeinen juna kohti etelää oli jo ehtinyt lähteä, kun saavuin asemalle. Seuraava lähtisi aamuseitsemältä. Yövyin retkeilymajassa, joka oli pystytetty purjelaivan ruumaan.

Aamukuudelta lähdin tepastelemaan Mälarenin rantoja kohti asemaa ja haistelin elokuista tuulta. Asemalla silmäni iskeytyivät iltapäivälehtien lööppeihin: Diana död!

Yhtäkkiä tajusin, että olin ollut onnettomuuspaikalla juuri ennen lomani alkua. Olin erään tuttavani kyydissä, kun hän ajoi Alma-tunnelissa

Pariisissa keskellä yötä. Juuri sillä hetkellä vilkaisin nopeusmittaria: 90 kilometriä tunnissa.

5. Puheita ja parlamentteja

Euroopan parlamentin seuraaminen oli jännää puuhaa. Usein kiinnostavimmat asiat eivät tapahtuneet täysistuntosalissa vaan pienemmissä huoneissa ja joskus täysin sattumalta.

Joskus kävi myös niin, että parlamentarismiin kuuluva vapaa puheoikeus aiheutti täydellisiä yhteentörmäyksiä. Niistä kenties järkyttävin jonka näin tapahtui Euroopan parlamentin Venäjä-valtuuskunnan ja Venäjän duuman valtuuskunnan yhteiskokouksessa talvella 1997 - ensimmäisen Tshetshenian sodan aikana.

Venäläiset joutuivat kuuntelemaan eurooppalaisten parlamentaarikkojen saarnoja tshetsheenien ihmisoikeuksista ja venäläisten julmuudesta. Jossain vaiheessa venäläisvaltuuskunnan johtajan hermot pettivät täysin. Hän vaati saada näyttää videon Tshetshenian sodan arjesta. Hölmistynyt eurooppalaisvaltuuskunnan saksalainen puheenjohtaja ei keksinyt muutakaan ulospääsyä kuin videon katseleminen.

Video oli kooste tshetsheenien tekemistä teloituksista ja kidutusmenetelmistä. Katseltiin kaulojen katkomista tylsillä veitsillä, päähän potkimista ja sormien leikkaamista irti. Kukaan ei jostain syystä saanut tilannetta pysäytettyä.

Piinallisen videonkatselun jälkeen saksalainen puheenjohtaja ilmoitti yllättävän rauhallisena, että kokous on päättynyt.

Keväällä 1998 kutsuin parlamentin puhemiehen apulaiskabinettipäällikön lounaalle, koska halusin hyvissä ajoin puhua Suomen puheenjohtajakaudesta, joka alkaisi runsaan vuoden päästä. Miehessä oli omituista, espanjalaista ketun oveluutta.

Selitin vieraalleni, että Suomi tarvitsisi jonkin näkyvän esiintulon parlamentissa hyvissä ajoin ennen puheenjohtajakauttamme. Olin nimittäin havainnut, että vaikka Suomi herätti sympatiaa, ei koko maasta tiedetty paljon mitään. Puheenjohtajakaudella olisi myöhäistä esitellä puheenjohtajamaan omaa politiikkaa.

Ruokailun päättyessä vieraani kaivoi rintataskustaan kaksi jöpäkkää sikaria. Kun saimme ne palamaan, hänen puhelimensa soi. Se oli parlamentin puhemies. Alkoi nopea espanjankielinen papatus jostain pikkuasiasta. Jossain vaiheessa huomasin, että vieraani mainitsi olevansa lounaalla suomalaisen kanssa ja tämä suomalainen halusi Suomelle näkyvyyttä parlamentissa.

Parlamentin puhemies kutsui siltä istumalta Suomen presidentin puhumaan parlamentin juhlaistuntoon.

Kävellessäni puiston halki takaisin toimistooni ajattelin, että nyt on seinällä ensimmäinen kunnon oravannahka.

Kun kerroin puhehankkeesta edustuston päällikölle, hän innostui siitä heti. "Tämä puhe kirjoitetaan sitten täällä", sanoi hän.

Puheen ympärille koottiin pieni toimikunta. Kirjoittelin ylös ilmassa pyöriviä ajatuksia ja yritin asettaa niitä loogiseen järjestykseen. Iltaisin sitten kirjoittelin itse puhetta kotikoneellani ja pelkäsin, että humiseva tietokone hajoaa vanhuuttaan.

Presidentti Ahtisaari sai puheen käsiinsä ilmeisesti vasta lennolla Cardiffin Eurooppaneuvostosta Strasbourgiin. Temppu oli nerokas mutta raivostutti ymmärrettävästi presidentin avustajia.

Vierailun valmistelu Strasbourgissa paljasti minulle, miten suurvalta ottaa vastaan presidentin. Jokainen metri suunniteltiin etukäteen. Strasbourgin keskiaikaisen keskustan miehittivät siviiliasuiset Ranskan turvallisuuspalvelun miehet.

Tästä aiheutui myös huvittava välikohtaus, kun presidentin seurue päätti ex tempore pysähtyä Strasbourgin katedraalin edustalle oluelle ennen illallista. Autot jouduttiin jättämään kauas, ja presidentti marssi seurueineen muina miehinä terassille. Havaitsin, että lähiympäristössä lähes jokainen mies puhui kiivaasti takinliepeelleen.

Itse puhetilaisuus onnistui mielestäni mainiosti. Presidentin kokemus kuului rauhallisena ja hyvin painotettuna puherytminä. Hän sanoi muun muassa, että EU:n ulkopolitiikkaa heikentävät toimivaltarajaukset tulee poistaa. Niin sitten tehtiinkin - tosin kymmenen vuotta myöhemmin.

Jälleen olin kuitenkin unohtanut yhden asian. Tony Blair oli samalla viikolla Strasbourgissa puhumassa parlamentille Britannian puheenjohtajakauden tuloksista. Törmäsin käytävällä brittikollegaani ja kysyin ylpeänä, mitä hän piti presidenttimme puheesta. Vastaus oli brittidiplomatian kukkanen: "Ota Timo tämä nyt oikealla tavalla, mutta olisitte voineet valita jonkin toisen viikon."

Tämä episodi palautui mieleeni, kun puolitoista vuotta myöhemmin pääministeri Lipponen joutui kuuntelemaan presidentti Chiracin pitkää puhetta Suomen puheenjohtajakauden lopulla.

Puheen jälkeen istuin valtavalla edustuslounaalla, jolla olivat läsnä muiden muassa parlamentin puhemies, komission puheenjohtaja ja Strasbourgin pormestari.

Virkamiehet oli plaseerattu upean ruokasalin laitimmaiseen nurkkaan, mistä eräs suomalainen virkamies oli raivoissaan. Hän käytti aikansa kännykän näpläämiseen. Kollegan vieressä istui parlamentin pääsihteeri, jonka keskustelunavaukset valuivat hukkaan.

6. Komission golgata

Syksyllä 1998 Suomi valmistautui jo kiivaasti vuoden päässä odottavaan puheenjohtajakauteensa. Joidenkin mielestä jopa liian kiivaasti. Kun yksi korkea-arvoinen suomalaisvaltuuskunta poistui erään parlamentin pääjohtajan pakeilta, hän mainitsi lopuksi kuin ohimennen, että seuraava puheenjohtajamaa Saksa on tulossa käymään vasta seuraavalla viikolla.

Suomen pelitilanne ei ollut paras mahdollinen. Juuri ennen puheenjohtajakauttamme tulisi vaihtumaan sekä parlamentin kokoonpano että EU:n perussopimus. Toukokuussa 1999 tulisi voimaan Amsterdamin sopimus ja kesäkuussa 1999 olivat tulossa eurovaalit. Käytin paljon aikaa sen selvittämiseen, mitä tämä merkitsisi puheenjohtajavaltion parlamenttiyhteistyölle.

Lisää vaikeuksia oli kuitenkin tulossa. Euroopan parlamentti päätti joulukuussa 1998 olla myöntämättä Euroopan komissiolle vastuuvapautta vuoden 1996 varainkäytöstä. Se perusti asiaa tutkimaan riippumattoman asiantuntijaryhmän.

Seurasin asian liepeillä käytävää keskustelua huolestuneena. Se oli juuri sellainen hanke, jolla saa julkisuutta. Halu kurittaa komissiota varainkäytön epäselvyyksistä levisi parlamentissa kuin kulovalkea. Vihreät ja brittikonservatiivit olivat siihen valmiita alusta lähtien. Pikku hiljaa alkoivat myös parlamentin kantavat suurryhmät - Saksan kristillisdemokraatit ja Britannian työväenpuolue - pehmetä skandaalinkäryisen julkisuuden paineessa.

Tammikuun 1999 täysistunnossa vietin paljon aikaa parlamentin lehdistökeskuksessa, jossa asiaa hoitavat parlamentaarikot kävivät vuorotellen pitämässä lehdistötilaisuuksia. Alkoi käydä ilmi, mistä oli poliittisesti kyse. Lähes kaikki komission jäsenet, joiden kontolle varainkäytön epäselvyydet haluttiin sälyttää, olivat sosialisteja. Parlamentin konservatiivit käyttivät asetelmaa häikäilemättömästi hyväksi ja pyysivät selvitystä selvityksen perään. Sosialistimepit jaksoivat vielä tammikuussa syytellä muita poliittisia ryhmiä poliittisesta pelaamisesta vakavalla asialla, mutta lehdistökeskuksen baarissa he purkivat luottotoimittajille jo epätoivoaan.

Yritin käsittää, mihin tilanne voi johtaa. Yksittäisten komissaarien eroa vaadittiin, mutta se olisi edellyttänyt EY-tuomioistuimen päätöstä. Kirjoitin aiheesta kuumeisesti raportteja, mutta ne olivat vain koosteita parlamentin käytävillä pyörivistä spekulaatioista.

Ajattelin kauhulla tilannetta, jossa sirkus jatkuisi Suomen puheenjohtajakaudella. Ketään ei kiinnostaisi Suomi, jos olisi arvoriistaa tarjolla.

Maanantaina 15.3.1999 oli tarkoitus julkistaa asiaa tutkineen riippumattoman asiantuntijaryhmän raportti. Vietin koko päivän parlamentin tiloissa Brysselissä. Käytävillä oli omituisen tyhjää. Katselin kokoustauluista, että poliittisia ryhmiä oli kuitenkin koolla. Yhtäkkiä mistään ei tihkunut mitään tietoa.

Illalla sain viimein raportin käsiini. Nuoruudesta lähtien minulla on ollut paha tapa katsoa aina ensimmäiseksi kirjan viimeinen kappale. Tässä raportissa se piti sisällään seuraavan lauseen: "[Euroopan komissiosta] on vaikea löytää ketään, jolla olisi vähäisintäkään vastuuntuntoa."

Tuo lause muodostui kohtalokkaaksi komissiolle.

Kello oli jo paljon, ja olin lähdössä kirjoittamaan raporttia illan tapahtumista. Silloin kuitenkin huomasin, että lehdistökeskukseen alkoi valua toimittajia. Eläimen vaistolla liityin heidän seuraansa.

Hetken kuluttua paikalle saapui myös parlamentin sosialistiryhmän puheenjohtaja Pauline Green, joka näytti kalpealta. Hän piti improvisoidun lehdistötilaisuuden, jonka ensimmäinen lause piti sisällään kaiken olennaisen: "Euroopan komissio ei nauti enää sosialistiryhmän luottamusta."

Helvetti oli irti.

Lähdin sekavissa tunnelmissa edustustoa kohti. Miten ihmeessä tästä raportoisi? Päätin soittaa edustuston lehdistöneuvos Reijo Kemppiselle, joka vastaa aina puhelimeen.

Reijo ilmoitti olevansa edustuston päällikön residenssissä pienessä piirissä valmistelemassa julistusta Euroopan tulevaisuudesta. Keksin sanoa siihen, että minulla on tarjota julistukseen yksi elementti: Arvelen, että Euroopan komissio eroaa tänä yönä.

En tiedä mistä sain tuon päähäni. Olin vain sattumalta juuri kuullut, että komissio on koolla.

Antti haettiin langan päähän. Selitin saman asian. Hän pyysi laittamaan sen kiireesti raporttiin ja Helsinkiin, vaikka sitten viimeistelemättömänä.

Huitaisin raportin Helsinkiin ennen puolta yötä ja palasin rättiväsyneenä kotiin.

Kun asetuin levolle, kännykkään ilmestyi seuraava viesti: "Koko komissio erosi. Täysi kaaos."

7. Varaministeri ja muita kommelluksia

Politiikassa elämä asettuu aina aloilleen. Suomen 1999 maalisvaalit pitivät entisen hallitusrintaman vallassa rimaa hipoen. Edustustossa katseltiin satelliittitelevisiosta Lipposen vakavaa hahmoa.

Eurovaaleissa parlamentti siirtyi oikealle. Parlamentti järjesti vaali-iltana huimat vaalivalvojaiset, joissa saattoi seurata niiden kulkua kaikissa jäsenvaltioissa parlamentin tiloissa.

Kun Suomen tulos pamahti valkokankaalle, oli Eurooppa-henkeni jälleen kadota taivaan tuuliin: Suomen äänestysprosentti oli 31,4. Se oli EU-maiden huonoimpia. Lähdin saman tien kotiin mököttämään.

EU saatiin Suomen kauden alussa kuitenkin jälleen jaloilleen, kun heinäkuussa kokoontui uusi parlamentti ja syyskuussa uusi komissio.

Puheenjohtajakaudella muodostettiin edustustoon pieni tiimi, jonka tehtävänä oli hoitaa ministereiden kymmenet esiintymiset Euroopan parlamentissa.

Käytimme suurimman osan ajastamme järjestellen kalentereita, majoituksia, kuljetuksia, matkaohjelmia, taustatilaisuuksia, lehdistöyhteyksiä, meppitapaamisia ja niin edelleen. Kyseessä oli eräänlainen luksus-matkatoimisto.

Yritimme epätoivoisesti eliminoida sen mahdollisuuden, että vierailu epäonnistuu logistiikkaan tai protokollaan liittyvistä syistä. Olisi ollut karmeaa pitää parlamenttia odottamassa ruuhkaan juuttunutta puheenjohtajamaan ministeriä.

Kaikkea en osannut tälläkään kertaa ottaa huomioon.

Tiistaina 20.7.1999 kokoontui uusi parlamentti ensimmäiseen täysistuntoonsa Strasbourgissa. Pyörin tietysti uteliaana salin reunalla katsomassa, mitkä tunnelmat ovat. Parlamentti oli siirtynyt hulppeisiin uusiin tiloihin, jotka olivat pitkälti entisten tilojen vastakohta. Oli väriä, valoa ja avaruutta.

Istuntoa istui avaamaan ikäpresidentti Otto von Habsburg. Samalla puhemiehen pöydän reunimmainen virkamies kiiruhti sanomaan EU:n neuvoston sihteeristön virkamiehelle, että puheenjohtajavaltion ministeri voi istua tuohon eturiviin.

Tämä tieto tietysti kiidätettiin saman tien minulle. Missä ministeri on?

Sydämeni jätti pari lyöntiä väliin. Ulkoministerimme oli tulossa parlamenttiin vasta seuraavana päivänä esittelemään työohjelmaamme.

Päätin että miehen on tehtävä mitä miehen on tehtävä: Istuin itse ministerin penkille.

Ikäpuhemies tervehti salia aloittaen sanoilla "Herr Minister" ja nyökkäsi puoleeni. Nyökkäsin takaisin. Huomasin pienen hymynpoikasen parlamentin pääsihteerin suunpielessä. Hän tiesi, etten suinkaan ollut ministeri.

Sitten aloin pelätä sydämeni pohjasta, että neuvoston puheenjohtajaa pyydetään puhumaan. Luonnostelin hädissäni edessäni olevalle paperiarkille muutaman ylevän lauseen.

Ei onneksi pyydetty.

Istunnon jälkeen monet parlamentaarikot halusivat kuitenkin käydä tervehtimässä puheenjohtajamaan "ministeriä". Muistan paiskanneeni veljellisesti kättä muun muassa Silvio Berlusconin kanssa.

Istunnon jälkeen kumarsin juhlavasti puhemiestä kohti ja poistuin kiireesti takavasemmalle.

Ministereiden opastaminen parlamentin käytävällä oli haastavaa puuhaa. Näin aidon tuntuisia painajaisunia, joissa en löydä millään salia, jonne ministeri pitäisi saattaa.

Opin kuitenkin nopeasti, miten taloon tulevia ministereitä tulee käsitellä. Tärkeintä oli saada luontainen jännitys laukeamaan ennen kuin ministeri oli mikrofonin takana, missä hän on kaikista valmisteluista huolimatta hyvin yksin.

Höpöttelin saatettaville ministereille niitä näitä. Kerroin kaskuja vastaan kävelevistä parlamentaarikoista ja yritin korostaa, miten kotoista kaikki täällä parlamentissa on. Suoraa, suomalaista puhetta vaan, niin kaikki menee hyvin.

Monet ministerit myös osasivat arvostaa matkatoimistomme palveluja. Kun ostin ulkoministeri Tarja Halosen seurueelle kahvit Ranskan frangeilla, hän työnsi käteeni viisikymmentä markkaa, etten jäisi tappiolle.

Valtiovarainministeri Sauli Niinistö halusi Brysselissä kävellä parlamenttiin, vaikka neuvoston auto oli odottamassa. Kävelin sitten hänen kanssaan ja juttelin valiokunnan tunnelmista. Kun saavuimme parlamentin ovelle, kyseli sihteeristön virkamies hädissään, missä valtiovarainministerimme on, kun tilaisuus alkaa kohta ja auto sen kuin odottaa.

Sanoin, että ministeri on tuossa.

Oli täysin mahdotonta käsittää, että valtiovarainministeri kävelee muina miehinä Brysselin katuja.

Oli toki myös hetkiä, jolloin olisin halunnut olla jossain muualla.

Eräässä parlamentin valiokunnassa kaksi suomalaisministeriä lukea posotti paperista virkamieskoukeroista tekstiä niin pitkään, että suuri osa parlamentaarikoista päätti siirtyä muualle politiikkaa tekemään.

Puheenjohtajakauteni kohokohta koitti tiistaina 14.12.1999. Silloin saapui Strasbourgiin pääministeri Paavo Lipponen esittelemään Helsingin Eurooppa-neuvoston tuloksia.

Seurue oli jonkin verran myöhässä mutta täysistuntosali sen kuin täyttyi täyttymistään. Viimein ilmestyi hiukan nuhainen Lipponen salin liepeille ja pyysi kovin kohteliaasti teekupillista.

Lipposen puhe keskeytettiin monta kertaa aplodein, ja yhdessä vaiheessa parlamentaarikot osoittivat suosiota seisaaltaan.

Puolen päivän aikaan saliin ilmestyi presidentti Chirac, joka vihki uuden parlamenttirakennuksen loputtomalla vuodatuksella Ranskan tavoitteista.

Lipponen istui tyynesti paikallaan ja kuunteli.

Kun saattelin seuruetta ulos parlamentista, Lipponen lyöttäytyi seuraani ja kyseli rakennuksen arkkitehtuurista. Selitin pintapuoliset tietoni, ja hän piti niitä kiinnostavina.

Suomen puheenjohtajakausi Euroopan parlamentissa ei ottanut millään loppuakseen, koska budjettiministeri Suvi-Anne Siimes joutui päivästä toiseen tappelemaan parlamentin kanssa EU:n seuraavan vuoden budjetista.

Hän tuli valtuuskuntamme tiloihin kuitenkin aina yhtä hyväntuulisena ja ystävällisenä.

Kiitin luojaani, että valtiovarainministeriön tiimi hoiti tuon neuvottelun ilman minua.

Viimein torstaina 16.12.1999 iltapäivällä parlamentti hyväksyi tulevan vuoden budjetin ja se allekirjoitettiin juhlavin menoin.

Kun viimeinenkin ministeri oli saatettu turvallisesti kotimatkalle, matkatoimistomme järjesti pienen glögijuhlan. Sain lahjaksi tonttulakin, jossa luki Strasbourg.

Marssin hotelliini pimeässä ja kylmässä illassa. Avasin television, otin baarikaapista viskin ja nukahdin sängylleni tonttulakki päässä.

Pari viikkoa myöhemmin loikoilin sängyllä pariisilaisessa hotellissa viettäen uudenvuodenaattoa katsellen Eiffel-torniin ripustettua kelloa, joka mittasi vuosisadan viimeisiä tunteja digitaalinäytöllä. Jossain vaiheessa kello pysähtyi selittämättömästä syystä. Ryhdyin hyppimään kanavalta toiselle ja törmäsin uutisiin, jossa turpea Boris Jeltsin ilmoitti luovuttavansa Venäjän presidentin tehtävät jollekin Vladimir Putinille. Palasin tuijottamaan pysähtynyttä kelloa. Aika seisoi.

8. Kasarmin kautta kansliaan

Helsingin Eurooppa-neuvostossa oli päätetty, että EU:lle luodaan puolustuspolitiikka. Sitä varten perustettiin keväällä 2000 turvallisuus- ja puolustusasioiden komitea ja sotilaskomitea.

Päällikköni Antti Satuli sai jostain syystä päähänsä, että minä voisin ryhtyä seuraamaan tätä uutta sektoria, "että asiat tehdään oikein". Antilla oli tapana sanoa, että jos mitään muuta ei keksitä, kannattaa yrittää noudattaa EU:n perustamissopimusta.

Suurin osa ajastani meni sen jälkeen uusien turvallisuus- ja puolustussuurlähettiläiden kokouksia kirjatessa. Puhetta piisasi, ja nopealle kirjoitustaidolleni tuli käyttöä. Kokoukset olivat usein perjantaisin, minkä jälkeen sujautin pariisilaiseen hotelliin kirjoittamaan muistiinpanojani raporteiksi.

Absurdiikan tajulleni tuli käyttöä, kun minut määrättiin myös kirjuriksi EU:n sotilaskomitean ensimmäiseen kokoukseen. Vasta salissa havaitsin, että kaikki muut läsnäolijat olivat univormuissa. Yritin luimistella nurkassa muka papereitani selaillen.

Sitten kaikki pomppasivat yhtäkkiä seisomaan. Ovesta tuulahti sisään uusi EU:n korkea edustaja Javier Solana, joka ryhtyi kättelemään salissa olijoita. Huomasin ottavani asennon kätellessäni häntä.

Suomi asemoitui EU:n puolustuspolitiikkaan hyvin tyylikkäästi. Annoimme muiden selostaa herkkyyksiään ja puhuimme itse vain käsillä olevasta asiasta.

Samalla alkoi EU:n ulkopolitiikan palautuminen takaisin jäsenvaltioiden syliin. Komissiosta ei ollut turvallisuus- ja puolustuspolitiikassa pienen jäsenmaan ystäväksi, koska sillä ei ollut mainittavaa toimivaltaa.

Oli silti hyvin avartavaa kuunnella suurlähettiläiden puhetta maailmanpolitiikasta. Se oli yllättävän suoraa ja korutonta. Puuttui kokonaan korulauseisiin kiedottu hienostelu, jota olin odottanut.

Kävi myös ilmi, miten suuri vahvuus on se valtava tietomäärä, jonka sadat EU-maiden edustustot tuottavat joka päivä. Tutuiksi tulivat sellaisetkin maat, joita jouduin erikseen etsiskelemään kartalta.

Uusi tehtäväni vei minut ensi kertaa myös Naton käytäville. Koin omituista tyydytystä, kun huomasin, että Naton päämaja oli vielä karmeampi kolossi kuin EU:n rakennukset. Se oli pystytetty väliaikaisesti

Brysselin lentokentän läheisyyteen joskus aikojen alussa, ja sinne se oli jäänyt.

Naton käytävät olivat täynnä epämääräisiä pahvilaatikoita. Puikkelehdin niiden välistä pienissä kopeissa pakertavien kollegojen pakeille kuuntelemaan valitusta EU:n puolustuspolitiikan tarpeettomuudesta. Miksi keksiä pyörää uudelleen, kun meillä on jo Nato?

Mieleni teki aina kysyä, ketä kollega tarkoittaa meillä, mutta sain onneksi pidettyä turpani kiinni.

Matkustin myös Naton komentokeskukseen Ranskan rajan lähistöllä. Se muistutti lentokentän varikkoa: valtavia halleja keskellä peltoa. Hallista toiseen siirryttiin jeepissä.

Eräässä näistä halleista minulle näytettiin Euroopan karttaa, jossa alueita oli merkitty eri väreillä sen mukaan, mihin ryhmään maat Naton näkökulmasta kuuluivat.

Katselin Suomen maaryhmää ja mieleeni nousi sana "puskurivaltiot". En onneksi keksinyt tapaa kääntää sitä englanniksi.

Loppukeväästä sain tiedon, että olisin tervetullut pääministerin kansliaan perustettavaan, upouuteen valtioneuvoston EU-sihteeristöön.

9. Valoa ja varjoja

Tepastelin tyytyväisenä kohti uutta työpaikkaani Valtioneuvoston linnassa. Oli helteinen heinäkuinen maanantaiaamu. Suurkirkko hohti valkeuttaan sinistä taivasta vasten.

EU-sihteeristön työhuoneissa ei ollut kuitenkaan ketään. Kävelin haamumaista käytävää ja ajattelin hetken, että olen joutunut julman pilan kohteeksi. Tai ehkä tulin liian aikaisin. Kellohan oli vasta yhdeksän. Brysselissä työpäivä alkaa kunnolla vasta kymmenen maissa.

Viimeisestä huoneesta löytyi kuitenkin sihteeri, joka katsoi minua kummastellen. Kävi ilmi, että sihteeristön väki oli istunut virkamieskokouksessa jo pitkän aikaa.

Tajusin, että minun on säädettävä kelloni Helsingin aikaan myös henkisesti.

Vastuulleni kuuluivat kaikki EU:n ulkosuhteet mukaan lukien sen turvallisuus- ja puolustuspolitiikka. Työ oli mahdottoman mukavaa. Tungin kylmästi kaikkiin palavereihin, joissa Suomen linjauksia valmisteltiin ja huomasin, että usein improvisoituja puheitani kuunneltiin ikään kuin pääministerin viesteinä.

Tilaisuus, jota ei voinut jättää käyttämättä.

Kirjoittelin aina tilaisuuden tullen tiiviitä muistioita EU:n ulkopolitiikan kehityksestä ja jakelin niitä pikku sisäpiirilleni. Yhteydenpito oli tiivistä moniin suuntiin, ja Suomen linjaa hiottiin innostuksen vallassa.

Tuo aika kulminoitui Lipposen puheeseen Bryggessä 10.11.2000. Siinä esitettiin muun muassa ajatus Euroopan perustuslaista.

Loppu on tunnetusti historiaa.

Söin pikku yksiössäni iltaisin einespitsaa ikkunalaudalla ja katselin Etu-Töölön tyhjiä katuja. Ei ristin sielua.

Juoksentelin Töölönlahden ympäri, istuskelin elokuvissa, lueskelin elämänkertoja.

Helmikuisena lauantaina vuonna 2001 tapasin tulevan vaimoni vessajonossa.

Tiistai oli EU-sihteeristössä kiireisin päivä. Silloin sateli sähköpostiini luonnoksia kokousohjeiksi seuraavalle päivälle. Tehtäväni oli sitten koostaa niistä mielestäni linjakas ohjepaketti EU-suurlähettiläälle.

Eräänä syyskuisena tiistaina tuleva kokous oli niin ohut, että minulla oli aikaa seurailla huvikseni Suomen tietotoimiston uutisliikennettä. Yhtäkkiä ruudulle ilmestyi omituinen pikku-uutinen: "Lentokone törmännyt rakennukseen New Yorkissa. Ainakin kolme kuollutta."

Miten lentokone voi törmätä rakennukseen New Yorkissa?

Karmea totuus paljastui, kun joku hoksasi laittaa television auki neuvotteluhuoneessamme. Näimme toisen törmäyksen lähes suorana lähetyksenä.

Terrorismin vastaiselle toiminnalle ei oikein ollut kotia valtioneuvoston piirissä, joten kirjoitin monia aihetta koskevia perusmuistioita suoraan tyhjälle paperille.

Huomasin, että Suomen valtioneuvostoa ei ollut rakennettu kriisitilanteita varten.

Jouluna 2001 olin ystäväni luona glögeillä ja poistuin tuon tuosta kommentoimaan kännykällä EU:n hyväksyttävänä ollutta terrorismin vastaista pakotejärjestelmää. Supisin rappukäytävässä kommentteja, etteivät ne menisi saman tien aamun lehtiin.

Tämänkin asian löysin myöhemmin edestäni.

Vuosi 2002 kului muun työn ohella EU:n perustuslakia valmistelevan konventin parissa. Kuuntelin suomalaisia konventin jäseniä eri tilaisuuksissa ja ajattelin, että viimein olemme EU-keskustelussakin eurooppalaisella tasolla: Eri edustajien puheet olivat kuin eri planeetoilta.

EU:n puolustusta koskevassa valmisteluryhmässä sain kuulla, että Suomen liittoutumattomuus olisi kirjattava jotenkin EU:n perustuslakiin.

Kysyin, eikö se pitäisi kirjata ensin Suomen perustuslakiin. Sen jälkeen en jostain syystä saanut enää kutsuja tuon ryhmän kokouksiin.

Talvella 2002 saapui Suomeen myös entinen esimieheni Antti Satuli, joka asettui ulkoministeriön korkeimmaksi virkamieheksi, valtiosihteeriksi. Kirjoitin hänelle pitkiä kirjeitä Suomen EU-politiikasta ja ulkoministeriön kehittämisestä. Kun tapasimme kokouksissa, Antti laittoi usein isällisesti kätensä olkapäälleni.

Eräänä keskiviikkona syksyllä 2002 värkkäsin jälleen jotain ohjeita kovalla kiireellä. Kun sain ne mieleiseeni kuntoon, kävelin Senaatintorin laitaan ja astuin ratikkaan.

Muutaman tunnin päästä pidin sylissä ensimmäistä lastani.

Muutimme Itäkeskukseen pikku kaksioon. Vieressä oli metsikkö, jonka pöheiköissä sauvakävelin mäkiä ylös ja alas.

Erään tällaisen sauvakävelyn jälkeen istahdin katsomaan iltauutisia. Edessä oli pääsiäisloma. Elämä hymyili.

Yhtäkkiä tv-ruutuun ilmestyi Antti Satulin kuva. Kuollut? Ei voi olla totta.

Muistin kuulleeni, että järkyttynyt ihminen kokee vajoamisen tunteen. Nyt tiesin mitä se tarkoittaa.

Sen jälkeen kaikki on mustaa. En pysty palauttamaan tuosta illasta mitään muuta mieleeni, vaikka kuinka yritän.

10. Naantalista Pariisiin

Kevät 2003 oli omituista aikaa. Ilma oli sakeana kaikenlaista huhua ja kähinää.

Muistan katselleeni eduskuntavaalien jälkeen keskusteluohjelmaa, jossa tuoreet hallituskumppanit kiistelivät siitä, saako vaalit voittaa millä keinolla hyvänsä.

Ajattelin, että tästä ei hyvää seuraa.

18.6.2003 istuin väkisin kootussa työryhmässä pohtimassa valtioneuvoston tiedotusstrategiaa. Kun oltiin tiedotuksen hermokeskuksessa, televisio oli tietysti päällä, tosin äänettömällä. Kuvaruudussa näkyi harmaaseen jakkupukuun pukeutunut, kalpea pääministeri puhumassa eduskunnalle.

Ajatukset eivät meinanneet millään pysyä valtioneuvoston tiedotusstrategiassa.

Illalla katselin televisiosta, kun samainen pääministeri ojentaa eropaperin presidentille. Katseeni kiinnittyi jostain syystä Naantalin laskevaan aurinkoon, joka oli minulle tuttu nuoruuden kesistä.

Aloin väsyä Sirkus Finlandiaan. Päätin palata ulkoministeriön uneliaisiin uumeniin.

Vastuulleni annettiin ulkoministeriössä jälleen EU:n turvallisuus- ja puolustuspolitiikan kehittäminen. Se oli sinänsä innostavaa.

Tunnelma kuitenkin laski, kun kävi ilmi, että nettopalkastani katoaa siirron myötä tuhat euroa.

Sinä syksynä tulivat nuorelle perheellemme tutuiksi Kontulan Lidlin pakastetiskit.

Kuvittelin, että ulkoministeriön turvallisuuspolitiikan yksikkö olisi Merikasarmin paraatipaikalla - huutoetäisyydellä ulkoministeristä. Toisin oli. Yksikkö löytyi kapean, pimeän ja pitkän käytävän päästä - talon kaikkein laitimmaisesta nurkasta. Yhdessä huoneessa hoidettiin koko Nato ja toisessa koko EU:n turvallisuus- ja puolustuspolitiikka. Siinä jälkimmäisessä istuin sitten minä. Huone oli pieni koppi.

Kesä 2003 oli helteinen, ja havaitsimme, että edes talomme ilmanvaihto ei toimi. Se oli 1980-luvun kökköarkkitehtuurin kukka kauheimmillaan.

Tällaiset tilanteet saavat minut kuitenkin aina sisuuntumaan omituisella tavalla. Ryhdyin kiivaasti kirjoittamaan Suomen linjauksia EU:n puolustuspolitiikan kehittämisestä.

Aika oli otollinen. Käsillä olivat nimittäin ratkaisevat vaiheet EU:n tulevan perussopimuksen käsittelyssä. Pöydällä olivat muun muassa ne kuuluisat turvatakuut.

Kirjoittelin EU-puolustuksen kehittämisestä reippaita ja myönteisiä linjauksia, jotka sitten ylemmissä kerroksissa hyväksyttiin sellaisenaan paitsi että etumerkki vaihdettiin toiseksi.

"Suomi kannattaa siltä osin kuin ei vastusta" muuttui muotoon "Suomi vastustaa siltä osin kuin ei kannata".

Useimpiin kantoihin ilmestyi yläkerrassa lisäksi sana "lähtökohtaisesti". Perustelu oli, että näin Suomi voi lopulta jotain hyväksyäkin.

Sain myös kuulla, että turvallisuuspolitiikkaa koskevia papereita ei sopinut lähettää pääministerin kansliaan, koska ne kuuluivat ulkoministerille ja presidentille.

Sauvakävelin Itä-Helsingin pöheiköissä entistä suuremmalla raivolla.

EU:n puolustuspolitiikka kiinnosti myös kansalaisia. Sain kutsun alustamaan aiheesta Turun Eurooppa-tiedotuksen järjestämään tilaisuuteen.

Aloitin alustuksen selittämällä, mitä EU:n nykyinen puolustuspolitiikka pitää sisällään. Olin puhunut noin kolme minuuttia, kun eräs rouva ryhtyi syyttämään minua Suomen viemisestä Natoon, rauhanturvaajien tapattamisesta ja halusta vallata Karjala takaisin.

Päätin vastata rauhallisesti selittäen mistä on oikeasti kyse. Rouva kuitenkin jatkoi jankkaamistaan ja minä vastailin.

Kävin esitelmäni kylmästi läpi ja pyysin lopuksi lisää kysymyksiä. Kukaan ei kysynyt enää mitään, mutta vihainen rouva pudisteli päätään.

Koin kyseenalaista voitonriemua.

EU:n turvatakuut saivat aivan omituiset mittasuhteet. Järjestettiin kriisipalavereita, joissa kaikkien valtiomahtien edustajat olivat paikalla.

Sen jälkeen ei ollut minullakaan nokan koputtamista.

Marraskuussa 2003 käytin kaiken energiani, jotta saisin aikaan siistin kirjeen, jossa Suomen, Ruotsin, Itävallan ja Irlannin ulkoministerit ehdottavat, että EU:n turvatakuut ilmaistaan niin, että apua saa pyytää mutta sitä ei ole pakko antaa.

Kun tuo kirje viimein ilmestyi päätteelleni kaikkine allekirjoituksineen, aloin voida pahoin.

Menin vessaan, lukitsin oven ja katsoin hetken itseäni peilistä. Pesin kasvoni kylmällä vedellä. Palasin toimistooni ja lähetin kirjeen maailmalle.

Saman tien varasin netistä äkkilähdön Pariisiin ja häivyin paikalta.

Katoava suomalainen.

Kun Pariisin lähiöjuna kaartoi kohti pohjoista asemaa, ja silmiin piirtyi Sacré Coeur -basilikan valkoinen profiili yötaivasta vasten, puhelimeni soi.

Turvatakuuasia oli soittajan mukaan mennyt eduskunnassa täysin solmuun. Sanoin etten voi auttaa ja suljin puhelimen.

11. Paluu rikospaikalle

Keväällä 2004 aloin myydä soittolaitteitani netissä, jotta saisin vuokran maksettua. Hermot alkoivat kiristyä, kun toinen lapsikin oli tulossa.

En keksinyt mitään muutakaan ratkaisua, joten hain jälleen ulkomaille. Tällä kertaa minut nimenomaan haluttiin lähettää Brysseliin, vaikka olisin lähtenyt vaikka Syyriaan saadakseni talouteni kuntoon.

Syyskuussa 2004 astelin siis taas EU-edustuston ovesta sisään. Ryhdyin hoitamaan EU:n kehitysyhteistyötä. Pidin sitä hyvänä ideana, koska ajattelin pääseväni sitä kautta myöhemmin Afrikkaan.

Pidin työryhmissä pitkiä puheenvuoroja EU:n kehitysyhteistyön mahdollisuuksista ja aloin toden teolla innostua asiasta.

Olin niin innostunut aiheesta, että päätin jättää joululomat väliin ja tulla välipäivinä lueskelemaan papereita.

Paperit jäivät kuitenkin lukematta.

Jouduin seuraamaan uutistoimistoja ja kauhistelemaan tsunamin tuhoja. Yritin soitella ympäriinsä ja selvittää, onko EU:n tarkoitus tehdä asialle jotain.

Pian istuttiinkin kriisikokouksissa ja ryhdyttiin kehittämään EU:n katastrofivalmiutta.

Senkin kanssa jouduin myöhemmin hyvin läheisiin tekemisiin.

Pöydälleni kiikutettiin myös EU:n rahoituskehysneuvottelut, koska "kukaan muukaan ei niitä halua hoitaa".

Tammikuussa 2005 siis löysin itseni työryhmästä, jonka tarkoituksena oli valmistella ratkaisua EU:n rahoituksesta vuosille 2007–2013. Jaossa oli maksimissaan tuhat miljardia euroa.

Suomen tavoitteena oli saada se, mikä on ennenkin saatu, vaikka jakajia eli jäsenmaita oli tällä kierroksella 12 enemmän kuin viimeksi.

Ensimmäisessä kokouksessani tunsin palaavani EU-urani alkuun. En ollut aina varma, mistä oikein puhutaan. Arvelin, että tästäkin selviää, kun on ymmärtävinään.

Ja niinhän siinä sitten kävi.

Jo kolmannessa kokouksessani puhuin sujuvasti cappingistä, phasing-inistä ja phasing-outista sekä phasing-inistä, joka on oikeasti phasing-outia - jos muistan oikein.

Suomen neuvottelutavoitteista hankalimpia oli Pohjois- ja Itä-Suomen erityiskohtelu EU:n aluepolitiikassa. Kaikenlaisia malleja kehiteltiin, mutta useimpia niistä oli hankala perustella aihetta koskevissa kokouksissa.

Päätin siis kylmästi alkaa asioida suoraan puheenjohtajavaltion kanssa. Lähettelin viestejä, soittelin ja tarjoilin lounaita.

Puheenjohtajavaltion papereihin ei kuitenkaan ilmestynyt ehdottamiani tekstejä.

Erään toukokuisen aamulenkin aikana keksin kuitenkin mielestäni näppärän tavan, jolla asia oli hoidettavissa asiakirjoissa niin, ettei sitä ulkopuolinen välttämättä huomaa.

Helsingissä ideani ei herättänyt innostusta, mutta sen pohjalta lopputulos syntyi. Se oli mielestäni parempi kuin olisi voinut odottaa.

Suurimmaksi kiviriipakseni muodostui Suomen halu siirtyä bruttokansantuloon perustuvaan maksujärjestelmään EU:ssa. Jokainen jäsenvaltio siis maksaisi vaurautensa perusteella lasketun jäsenmaksun.

Ajatus oli kaunis, mutta sillä olisi ollut järisyttäviä seurauksia.

Esittelin eräässä kokouksessa Suomen maksumallin aiheuttamia seurauksia eri jäsenvaltioille. Kävi ilmi, että esimerkiksi Ison-Britannian vuosittaiset EU-maksut kasvaisivat noin seitsemällä miljardilla eurolla samalla, kun esimerkiksi Ranskan maksut olisivat vähentyneet noin kahdella miljardilla.

Britannian edustaja kommentoi, että Suomen ehdotus on mahdoton kertaa 32. En vieläkään tiedä, miten hän tuohon lukuun oli päätynyt.

Kylmä hiki nousi otsalleni.

Kevät 2005 meni osaltani kahdessa paikassa: EU:n neuvoston kokoussaleissa ja työhuoneessani, jossa yritin kirjata puheita raporteiksi.

Neuvottelut etenivät kaikilla tasoilla suunnilleen saman kaavan mukaan. Jokainen jäsenvaltio puhui kaikista asioista ja kaikki jäsenvaltiot esittivät kaikki ongelmansa kaikilla tasoilla. Jos puheaikaa rajoitettiin, jokainen puhuja puhui edelleen kaikki huolensa mutta nopeutetulla vauhdilla.

Raporttini venyivät yli kymmensivuisiksi ja sain ne useimmiten lähtemään vasta aamuyön puolella. Muutaman tunnin yöunen jälkeen jouduin usein miettimään, mikä päivä oli käsillä.

Suomen kannalta asiat kehittyivät silti hyvään suuntaan. Juhannusviikolla saatiin tulevalle huippukokoukselle menevä lopullinen kokonaisehdotus, joka oli Suomelle siihenastisista paras. Olimme siis tienanneet koko kevään riihikuivaa rahaa.

Lähdin huippukokouksen alla aamulenkille kevein mielin. Törmäsin puistossa aivan sattumalta neuvotteluja hoitavaan virkamieheen ja juttelin hänelle, että tältä pohjalta ratkaisu varmaan syntyy.

Yleensä hyväntuulinen kollega oli kuitenkin omituisen synkkä. Arvelin, että hänen täytyy tietää jotain, mitä minä en tiedä. Hän myös sanoi, että jos ratkaisua ei synny nyt pöydällä olevan ehdotuksen pohjalta, tuo ehdotus lentää roskakoriin. Se alkoi ikävästi soida korvissani.

Illan mittaan kävi selväksi, mitä kollega tiesi: Tony Blair ei tulisi sinä iltana hyväksymään mitään, vaikka hänelle tarjottaisiin kuuta taivaalta.

Seurasin huippukokousta kansainvälisiltä TV-kanavilta. Varsinkin BBC tuntui seuraavan sitä lähes suorana koko illan.

Illan mittaan syntyi vaikutelma, että Britannia joutuu nyt lähes yksin puolustamaan monen miljardin maksualennustaan, jonka Margaret Thatcher oli aikanaan neuvotellut.

Puolen yön jälkeen neuvotteluja selostanut toimittaja kuitenkin ilmoitti jymyuutisen. Nyt Britannialla olikin uusia liittolaisia: Hollanti, Ruotsi, Espanja ja jopa Suomi! Myös nämä maat olivat hylänneet Luxemburgin ehdotuksen, joka BBC:n mukaan olisi leikannut liiaksi Britannian maksuhelpotusta.

Ihmettelin, miksi juuri minun hoitamillani asioilla oli taipumus jossain vaiheessa kääntyä päälaelleen.

Siirryin Euronews-kanavalle, jossa neuvotteluja johtanut Luxemburgin pääministeri Jean-Claude Juncker piti katkeran lehdistötilaisuuden. Hän sanoi, että oltiin lähellä ratkaisua, mutta siihen ei päästy viiden maan takia, VIIDEN MAAN TAKIA. Tätä toistaessaan Juncker piti pystyssä viittä sormea.

Juncker arveli, että eräät maat eivät olleet vielä hyväksyneet EU:n laajentumista. Minua hävettää, sanoi hän.

Päätin lähteä viikonlopuksi meren rantaan.

12. Pitkien puukkojen yö

23.6.2005 menin Euroopan parlamenttiin kuuntelemaan Tony Blairin puhetta Britannian puheenjohtajakauden tavoitteista. Hän sanoi, että EU:lle on luotava järkevämpi budjetti. Parlamentaarikot puhkesivat valtaviin suosionosoituksiin, vaikka käsiään läpyttävät mepit olivat vain muutamaa viikkoa aikaisemmin mesonneet, että mitään ei saa EU:n budjetista leikata.

Ihmettelin taas mistä oli kyse. Aloin kiivaasti selvittää, mitä Lontoo oikein aikoo. Kukaan ei ainakaan Brysselissä pystynyt täsmentämään, miten järkevöittäminen oli tarkoitus toteuttaa.

Koko kesän ja alkusyksyn 2005 tapailin kaikkia mahdollisia tietolähteitä. Vastaus oli aina sama: Koko hanke hoidetaan Lontoossa, soita sinne.

Aloin hermostua toden teolla. Oliko koko kevään työ mennyt hukkaan?

Heinäkuussa 2005 kuuntelin eräillä illallisilla presidentti Mitterrandin legendaarista avustajaa Jacques Attalia, joka on edelleen Ranskan johtavia Eurooppa-asiantuntijoita.

Hän esitti, että EU:lla on kolme kehitysvaihtoehtoa: hidas kuihtuminen, hajaannus tai totaalinen romahdus. Hän itse uskoi, että totaalinen romahdus on edessä. Laajentumisen jälkeen ei yhteistä säveltä kerta kaikkiaan löydy.

Seuraavana aamuna katselin televisiosta, kun kuningatar Elisabet II kierteli lontoolaisessa sairaalassa jututtamassa Lontoon pommi-iskun uhreja.

Kesällä 2005 piipahdin myös Pariisissa kysymässä, mitä ranskalaiset odottavat seuraavaksi tapahtuvan rahoitusrintamalla. Minut ohjattiin Ranskan ulkoministeriön pitkiä, lähes kuninkaallisesti koristeltuja käytäviä pitkin kauniiseen kabinettiin, jossa tarjoiltiin lounas.

Vastaanotto oli niin ylitsevuotavaisen ystävällinen, että minua alkoi epäilyttää. Yleensä ranskalaiset neuvovat hanakasti muille, miten pitää ajatella.

Nyt sain kuunnella kehuja siitä, miten järkeviä ehdotuksia Suomella on. Oliko meille pelattu hyödyllisen idiootin rooli?

Viimein marraskuussa Britannian ylimalkaiset rahoitusehdotukset saatiin paperilla. Niissä pisti silmään sanan "modernisointi" toistuminen useaan otteeseen.

Lehdistössä Tony Blairia alettiin haukkua käänteiseksi Robin Hoodiksi - hän ottaa köyhiltä ja antaa rikkaille.

Marraskuussa ministerit pyöräyttivät jälleen tutun valituskierroksen. Puheenjohtajavaltio kuunteli, muttei juuri ottanut valituksiin kantaa.

Joulukuun alussa sama valitus toistui. Yhtäkkiä lähes kaikilla oli ikävä Luxemburgin esityksiä.

Sen jälkeen ulkoministereitä ei päästetty koskemaan koko asiaan. Se vietiin suoraan huippukokoukselle, joka oli tulossa 15.12.2005.

EU:n huippukokous eli Eurooppa-neuvosto on omituinen tapahtuma. Paikalla ovat jäsenvaltioiden pääministerit ja eräistä maista myös presidentit. Heistä käytetään EU-slangissa nimitystä päämiehet ja heidän tehtävänään on antaa kokouksessa suuntaviivoja EU:n tulevalle kehitykselle.

Kokouspaikan lähialue oli eristetty lähes kilometrin säteeltä. Kävelin rautalankaesteiden keskellä harmaana joulukuisena perjantaina ja saavuin kokouspaikalle aamupäivällä. Kuulin, että päämiehet olivat kokoustaneet aamulla noin tunnin. Jatkosta ei ollut kenelläkään tietoa.

Suomen valtuuskunnan tiloissa oli valtavasti väkeä. Jokainen yritti tappaa aikaa omalla tavallaan. Useimmat naputtelivat tietokonetta. Matti Vanhanen jututti virkamiehiä rennon oloisena. Hän ei muistuttanut laisinkaan tv:ssä esiintyvää kireää hahmoaan.

Olin hermostunut, joten lähdin kokousrakennuksen käytäville kuulostelemaan juoruja. Useimmat työryhmäkollegani tekivät samaa. Norkoilimme erilaisissa ryhmissä ja juttelimme niitä näitä. Kukaan ei tuntunut tietävän, mitä tapahtuisi seuraavaksi.

Hiippailin myös puheenjohtajavaltion tilojen lähistöllä nuuskimassa tietoja. Ei mitään.

Kiipesin jopa kokousrakennuksen katolle, ja sieltä satuin näkemään, mitä Britannian tiloissa tapahtui. Sinne oli pystytetty valtava laskentakeskus, joka näytti pörssisalilta.

Huomasin, että salissa oli paljon punaisia salkkuja. Tiesin, että ne ovat perinteisesti Britannian valtiovarainministeriön käytössä.

Huono merkki.

Koko iltapäivä meni norkoillessa. Tiedettiin kuitenkin kertoa, että Britannia käy kahdenvälisiä keskusteluja eräiden "hankalien" jäsenvaltioiden kanssa. Kuulin kollegoilta, että vastaanotto oli ollut enimmäkseen tyly: Lisää rahaa ei tipu.

Illansuussa huomasin hissien lähistöllä, että Saksan uusi liittokansleri Angela Merkel oli menossa jonnekin.

Illalla asetuin sähköpostini ääreen, sillä pelkäsin, että sinne tupsahtaisi jokin esitys, joka pitäisi kiireen vilkkaa jakaa valtuuskunnallemme.

Odottelua jatkui koko illan, kunnes viimein puolen yön tienoilla paukahti koneelle puheenjohtajan lopullinen esitys.

Tiloissamme alkoi hillitön kuhina.

Sitten tulikin tieto, että Eurooppa-neuvosto kokoontuu kymmenen minuutin kuluttua.

Kokous kesti vain muutaman minuutin. EU:n tulevat rahoituskehykset hyväksyttiin lauantaina 17.12.2005 kello 1.06.

Kävelin läheiseen risteykseen ja yritin saada tihkusateessa taksia. Vierestäni sujahti valtava autoletka. Yhden auton takapenkillä istui presidentti Jacques Chirac, joka hymyili.

13. Kriisinhallinnan teoria ja käytäntö

Keväällä 2006 piti vielä taivutella Euroopan parlamentti hyväksymään tulevat rahoitusratkaisut. Se onnistui perinteisin tempuin: parlamentin asemaa vahvistettiin siellä täällä ja pikkurahoja ripoteltiin parlamentille mieluisiin koloihin.

Koin kyseenalaista nostalgiaa, kun käteeni työnnettiin parlamentin sisäisiä papereita sen neuvottelutavoitteista. Niille ei oikein enää löytynyt käyttöä Suomen hallinnossa.

Oli nimittäin jälleen käynnistetty kiivas valmistautuminen Suomen tulevaan puheenjohtajakauteen.

Kiireeni olivat hellittäneet, joten sain tehtäväkseni kirjoitella pitkiä pätkiä puheenjohtajakautta koskeviin käsikirjoihin.

Toinen kunniatehtäväni oli toimia jonkinlaisena tulevan puheenjohtajavaltion puhuvana päänä. Kiersin tilaisuudesta toiseen kertomassa milloin milläkin kielellä, miten aiomme saada EU:n taas keskittymään oikeisiin asioihin.

Eräässä Sveitsin radion suorassa lähetyksessä minulta kysyttiin, miten aiomme hyödyntää Lordin Euroviisuvoittoa puheenjohtajakaudellamme. Sanoin, että siitä on paljon hyötyä, sillä pieni maa, pieni kansa. Samalla tuli mieleeni, että lähetys oli menossa pieneen maahan.

Päätin, että radioon en sitten enää mene.

Huomasin kirjoittaneeni puheenjohtajuuskäsikirjoihin, että on tärkeä olla aina varautunut siihen, että tilanne riistäytyy käsistä tavalla, jota ei voinut kuvitella.

Olin ajatellut lähinnä EU:n kokoussalien sisäisiä vääntöjä, mutta tulin havaitsemaan, etten itsekään osannut kuvitella kaikkia tapoja, joilla tilanne voi riistäytyä käsistä.

EU:lle oli perustettu kriisipäivystysjärjestelmä, jotta tsunamin kaltainen tilanne ei enää toistuisi. Kriisipäivystäjän tuli olla jatkuvassa hälytysvalmiudessa, ja hänen numeronsa annettiin EU:n tilannekeskukselle. Suostuin muitta mutkitta puheenjohtajavaltion kriisipäivystäjäksi, koska kaipasin taas toimintaa.

Ja sitähän tuli.

Seurasin heinäkuun kolmannella viikolla Libanonin sotaa kriisipuhelin taskussani. Kun katselin iltaisin rytinää uutiskanavilta kuntosalilla, odotin koko ajan, että puhelin soisi.

Se ei kuitenkaan soinut.

Perjantaina 21.7.2006 viimeistelin iltapäivän päätteeksi katsausta viikon tapahtumiin. Olin juuri lähdössä kotiin, kun kriisipuhelin viimein soi. Olin laittanut sen soittoäänen niin lujalle, että meinasin pudota tuolilta.

Puhelimessa kerrottiin, että Libanonista paenneet ihmiset olivat ruuhkauttamassa läheisen Kyproksen satamat ja lentokentät. Ne olisivat kohta niin tukossa, että liikenne jumiutuisi täysin. Lisäksi Libanonissa oli vielä tuhansittain ihmisiä etsimässä pakoreittiä länteen tai itään.

Minulta kysyttiin, mitä puheenjohtajamaa aikoo asialle tehdä.

Olin niin ällikällä lyöty, että käytin ilmaisua, jonka olin oppinut armeijassa: En tiedä mutta otan selvää.

Sitten otin selvää. Kävi ilmi, että asian eri puolia hoidettiin eri paikoissa. Yritin koostaa kaikista pyrkimyksistämme soittajalle vastauksen, jonka ilmoitin hänelle 20 minuutin soittokierroksen jälkeen. Hän ei ollut tyytyväinen, koska en osannut sanoa, mitä aiomme tehdä Kyproksen ruuhkautuneelle liikenteelle.

Raportoin asiasta Helsinkiin. En tiennyt itsekään, miten voisimme saada Kyproksen liikenteen järjestykseen Brysselistä käsin.

Lähdin sekavin mielin viikonlopun viettoon.

Lauantaina istuin alkuillasta hiekkalaatikolla. Olin seuraillut koko päivän Libanonin tilannetta koskevaa uutisointia, mutta se oli ollut lähinnä savupatsaita Beirutissa ja ohjuksia Israelissa. Kyproksesta ei puhuttu missään sanaakaan. Ajattelin, että näinkö tästä selvittiin.

Ei selvitty.

Hälytyspuhelimeni parahti jälleen soimaan. Nyt minut käskettiin suoraan EU:n tilannekeskukseen neuvottelemaan jatkotoimista.

Tuo neuvottelu oli tunnelmaltaan hiukan omituinen. EU:n eri instanssit jankkasivat siitä, kuka saa hoitaa ja mitä.

Alueelle lähetettiin kuitenkin eräänlainen iskuryhmä. Seuraavalle viikolle sovittiin jäsenvaltioiden ylimääräisiä kokouksia.

Lähdin kohti työhuonettani laatimaan tilannekatsausta. Samalla - ikään kuin kaiken kukkuraksi - räjähti ylläni rajuin ukonilma, jonka olen koskaan nähnyt. Schumanin liikenneympyrässä tuntui siltä kuin autoni kelluisi.

Kuin ihmeen kaupalla Kyproksen suma saatiin purettua. Kukaan evakkoon haluavista ei tiettävästi jäänyt sodan jalkoihin.

Luin suomalaisesta lehdestä, että EU:n kriisijärjestelyjä ei käynnistetty, koska kyseessä ei ollut luonnonmullistus. Voi sen kai niinkin sanoa.

14. Hämärällä vyöhykkeellä

Syksyllä 2006 löysin myös viisi vuotta aikaisemmin veivaamani EU:n terrorismin vastaiset toimet edestäni. Minut istutettiin niiden toimeenpanoa valmistelevan työryhmän puheenjohtajaksi.

En ollut tehtävästä järin innostunut, sillä olin saanut sen mielikuvan, että Suomen suurin huoli terrorismin vastaisessa taistelussa oli terroristien ihmisoikeuksien turvaaminen.

Mutta näillä mennään, ajattelin ja ryhdyin puuhaan.

Tämä puuha vei minut ensimmäistä kertaa vyöhykkeelle, jossa en tuntenut oloani täysin turvalliseksi. Hankin paljon taustatietoa internetistä ja ajauduin sivustoille, joille en olisi koskaan halunnut joutua.

Sain myös yhteydenottoja, joiden yhteydessä kävi ilmi, että keskustelukumppani tiesi minusta enemmän kuin kuvittelin olleen mahdollista.

Pikku hiljaa lopetin kännykän ja sähköpostin käytön lähes kokonaan ja menin internetiin aina eri koneelta. Ryhdyin vaihtelemaan kulkureittejäni ja suostuin tapaamisiin vain omassa työhuoneessani. Huomasin toimivani entistä enemmän samoilla säännöillä kuin terroristit, joita yritin saada kuriin.

Tuli mieleen, miten isäni neuvoi minua käydessämme keilaamassa: rauhallisesti vaan, ihan niin kuin töissä.

Puheenjohtajavaltio on jatkuvan kiinnostuksen kohteena, ja tuota kiinnostusta kannattaa käyttää hyväksi. Erityinen haaste muodostui jatkuvista tiedusteluista, joissa kansalaisjärjestöt, diplomaatit ja toimittajat tenttasivat minua siitä, mitä EU nyt puuhaa terrorismin vastaisen toiminnan saralla.

Keksin mielestäni nokkelan tavan, jolla vältyin tympeältä no comments -asetelmalta.

Kokosin alan internet-sivustoilta kaiken materiaalin, jota EU:n terrorismin vastaisesta toiminnasta oli jo saatavissa. Sitä löytyi valtavat määrät. Järjestelin aineiston mappiin, joka oli aina pöydälläni. Kun puhelin soi, avasin mapin ja puhuin siitä luottamuksellista äänensävyä tavoitellen.

Näistä "luottamuksellisista" taustatiedoista laadittiin varmaan monta salaista raporttia. Hauskinta oli nähdä niitä lehtijuttuina, joissa viitattiin nimettömiin diplomaattilähteisiin.

Keskustelut ulkovaltojen kanssa antoivat hämmästyttävän kuvan Brysselin arjesta niiden osalta, jotka seuraavat sitä kokoussalien ulkopuolella.

Kaikkein tarkimmat tiedot pelitilanteesta oli kansalaisjärjestöillä. Sen sijaan esimerkiksi amerikkalaisille ja venäläisille joutui usein selittämään perusasioita kuten eri toimielinten tehtäviä. Mappini sisällölle tuli käyttöä.

Israelilaiset ja turkkilaiset näyttivät taas tuntevan pelitilanteen paremmin kuin monet EU-kollegat. Kun laitoin normaalin levyni pyörimään, huomasin että he eivät edes vaivautuneet tekemään muistiinpanoja. Ehkä siksi, että kaikki meni joka tapauksessa nauhalle.

Kaikkein helpointa oli työryhmäkokousten johtaminen. Aloin ajan mittaan arvata, mitä kukakin tulisi mistäkin asiasta sanomaan. Menin lopulta kokouksiin mukanani vain yksi paperiarkki, johon olin kirjoittanut kokouksen koreografian eräänlaisena piirroksena.

Työ oli hyvin palkitsevaa, sillä valmista tekstiä syntyi nopeasti, kun ensin oli syntynyt sopu päätösten rakenteesta. Kun ratkaisevat joulukuun päivät lähestyivät, valmista tekstiä oli jo noin sentin paksuinen pino.

Varasin joululoman Ardenneilla.

Jouluviikolla johdin viimeistä kokoustani, jossa päätöspaketistani syntyi sopu. Lonksuttelin ratikalla joululounaalle. Olo oli kevyt ja kaikkivoipa.

Lounaalla joku lauloi *En etsii valtaa, loistoa.* Pikkupiru olkapäälläni sanoi, että etsinpäs.

Juuri sillä hetkellä puhelimeni soi. Soittaja kertoi, että pakettini oli palautettu valmisteluun "teknisten syiden takia". Tämä ansiokas työ saatettaisiin loppuun Saksan puheenjohtajakaudella.

Lähdin lounaan jälkeen kävelemään Ixellesin lampien rannalla. Enää ei ollut mitään kiirettä. Katselin vedessä torkkuvia sorsia.

Istahdin lammen rantaan. Tunsin miten kosteus alkoi imeytyä housujeni takamuksen läpi.

Jostain nousivat mieleeni Sinuhe egyptiläisen sanat: Varsin turhia ovat kaikki ihmisen teot hänen elämänsä päivinä.

15. Poliittiset pykälät

Siirryin puheenjohtajakauden jälkeen vähin äänin niin sanottujen ulkosuhdeneuvosten työryhmän jäseneksi. Ryhmän tehtävänä on muun muassa laatia EU:n kriisinhallintaoperaatioiden oikeusperustat ja vahtia niiden varainkäyttöä.

Ajoitus oli hyvä, sillä asialistalle nousi saman tien EU:n tuleva suuroperaatio Kosovossa. Tarkoitus oli pystyttää ensimmäinen siviilioperaatio, joka itse osallistui oikeusvaltion pystyttämiseen syrjäyttäen tarvittaessa kohdemaan omat poliisit ja tuomarit. Operaation volyymi oli yli kymmenkertainen aikaisempiin operaatioihin nähden.

Operaation tehtävät ja tavoitteet määriteltiin yhteinen toiminta -nimisessä asiakirjassa, joka oli operaatioon osallistuville suoraan sovellettavaa oikeutta. Siksi tuon asiakirjan luonnostelu osoittautui kovin hankalaksi.

Jouduttiin ensinnäkin määrittelemään, oliko tarkoitus toteuttaa niin sanotun suojeluvastuun periaatetta. Oliko EU-operaation siis suojeltava Kosovon kansalaisia, koska maa ei itse siihen pystynyt. Siitä luovuttiin, mutta tekstin alkupuolelle lisättiin maininta siitä, että suojeluvastuu pitää ottaa huomioon.

Paljon hankalammaksi muodostui kysymys operaation kohdealueesta. Osa jäsenvaltioista ei tunnustanut Kosovoa, joten ei voitu yksikertaisesti todeta, että operaatio toteutettiin Kosovossa. Toinen osa jäsenvaltioista taas halusi korostaa, että operaatio tapahtui koko Kosovon alueella kattaen näin myös niin sanotut serbialueet.

Lopputulos oli se, että operaatio päätettiin toteuttaa "throughout Kosovo". Seuraavaksi riideltiin siitä, miten tämä ilmaisu käännettäisiin muille kielille. Lopulta työryhmän jäsenet istuivat yhteiskokouksessa sihteeristön oikeudellisten kieliasiantuntijoiden eli juristilingvistien kanssa, ja eri kieliversiot hyväksyttiin yksitellen. Minulle jäi mielikuva, että eri kieliversiot puhuivat hiukan eri asioista.

Operaatio saatiin kuitenkin pystyyn, ja se on Kosovossa tänäkin päivänä. Sen viimeisin haaste on järjestäytyneen rikollisuuden vastainen taistelu, joka on julkisuuden paineessa noussut työlistan kärkeen.

Normaaliaikoina ulkosuhdeneuvosten työ oli sangen tylsää. Tuntikaudet kiisteltiin siitä, montako tietokonetta tai autoa mikäkin operaatio tarvitsi. Huomasin pystyväni tiivistämään koko päivän kestäneet kokoukset noin kahden sivun raporttiin, jossa vain todettiin mitä oli päätetty. Ihailin joidenkin kollegoideni kykyä löytää valtavista Excel-taulukoista pieniä laskuvirheitä.

Keskityin puhumaan asioissa, joissa saatoin vaikuttaa lopputulokseen suurten kiistojen päätteeksi.

Eräs niistä oli ensimmäisen Euroopan unionin oman edustuston henkilöstöjakauma. Edustusto oli tarkoitus perustaa Addis Abebaan yhdistämällä komission edustusto ja niin sanotun erityisedustajan poliittisempi henkilöstö. Eräät jäsenvaltiot halusivat kirjata päätökseen, että henkilöstöä piti nimittää tasaisesti kaikista jäsenvaltioista. Yksi edustaja jopa toivoi, että eteläisille ja pohjoisille jäsenmaille luotaisiin omat kiintiöt.

Kysyin aidon uteliaana, eikö voitaisi luoda myös itäiset ja läntiset kiintiöt. Näin Suomi saisi sekä pohjoisia että itäisiä paikkoja.

Kiintiöistä luovuttiin.

16. Pyhien yhteyteen

Luovuustutkijat jakavat ihmiset kahteen päätyyppiin - niihin jotka pysyvät samassa työssä vuodesta toiseen ja niihin joilla on taipumus vaihtaa toimistoa tuon tuosta. Kuulun jostain syystä jälkimmäiseen ryhmään. Kuvittelen, että kaikkea pitää kokeilla.

Ensimmäinen kosketukseni EU-uraan oli tiedotustilaisuus Helsingin Vanhassa satamassa keväällä 1995. Alustajat oli tilattu Brysselistä, ja paikalla oli laskujeni mukaan toistasataa suomalaista, enimmäkseen virkamiehiä. Esityksessä mainittiin, että EU rekrytoi vain alle 35-vuotiaita, koska tarjolla on elinikäinen ura.

Ensimmäisen kysymyksen esitti noin nelikymppinen suomalaisvirkamies. Se alkoi sanoilla "this is the day when I feel very old" (tämä on päivä, jona tunnen itseni hyvin vanhaksi).

Oikeusasiamies Jacob Söderman ja komission jäsen Erkki Liikanen pelastivat ikäloput suomalaiset. He totesivat, että ikäraja on EU:n oman syrjintäkiellon vastainen, ja se poistettiin.

Niinpä maaliskuisena keskiviikkona 2006 astelin EU:n pääsykokeisiin kypsässä 41 vuoden iässä. Valtavaan messuhalliin ahdettiin tuhansia muitakin yrittäjiä, joista useimmat näyttivät yliopisto-opiskelijoilta. Hallin pihalta näkyi psykedeelinen Atomium-rakennus, joka symboloi tilanteen absurdiutta. Tarvitaan lisää palloja, mutta niitä on tarjolla liikaa. Kaikki eivät mahdu ytimeen.

Havaitsin, että kaikki testejä koskevat legendat ovat totta. Suoritus on melkein pelkästään kiinni tekniikasta. Vastaus kummallisimpiinkin kysymyksiin on keksittävä noin minuutissa. Jos se ei onnistu, kannattaa siirtyä eteenpäin.

Järjestelmä tutkiskeli vastauksiamme sydämessään vuoden. Maaliskuisena aamuna 2007 astelin haastateltavaksi. Minulta kysyttiin muun muassa, miten EU:n demokratiavaje pitäisi hoitaa. Puhuin kuin Ruuneperi.

Sitten kului vain muutama viikko ja aprillipäivän kunniaksi minulle ilmoitettiin, että olen kelpoinen EU-virkaan. Se piti tosin hankkia itse.

Tarkistin tarinan lopuksi testiä koskevat tilastot. Kilpailuun osallistui 19 014 hakijaa, joista 18 384 ei päässyt rasti-ruutuun-vaihetta pidemmälle. Lopulta vain 195 sielua eli noin prosentti hakijoista todettiin kyvykkäiksi EU:n vaativiin tehtäviin.

Kesäkuussa 2008 astuin lopulta EU:n neuvoston pääsihteeristön palvelukseen. Työhuoneeni oli tilava mutta siinä istui myös kaksi kollegaa. Yritimme hoitaa puhelut vuorotellen.

Ensimmäiset työpäivät menivät pääosin henkilöstöhallinnon parissa. Jouduin muun muassa selvittämään, missä kotipaikkani oli rekrytointihetkellä. Se oli hankalaa, koska en ole koskaan omistanut kiinteistöä. Uskomattomien vaiheiden ja EU:n oikeuskäytännön syvällisen tutkimisen jälkeen kotipaikakseni todettiin Lieto, jossa vanhempani asuvat. Olin siis EU-oikeuskäytännön mukaan rekrytoitunut virkaani suoraan äidin helmoista.

17. Kriisin hallintaa

Ensimmäinen tehtäväni EU:n neuvoston pääsihteeristössä oli "kirjoittaa ulos" EU:n kriisinhallintarakenteiden toimintaperiaatteet. Jäsenvaltiot olivat päässeet aiheesta alustavaan yhteisymmärrykseen vuonna 2003, mutta paljon oli tapahtunut sen jälkeen.

Tehtävä oli mieluisa, sillä saatoin kirjoittaa ensimmäisen luonnoksen ilman mitään lähteitä. Olin katsellut päätöksentekoa läheltä ja luulin tietäväni mitä milloinkin tapahtuu, ellei toisin päätetä. Väärin luultu.

Kävi ilmi, että uudistetut kriisinhallintarakenteet olivat valtataistelun näyttämö. Niin sanottu strateginen ja operationaalinen päätöksenteko oli erotettu toisistaan, ja osoittautui mahdottomaksi määritellä missä strategisen ja operationaalisen raja kulkee.

Viidestoista versio paperistani sai kuitenkin kaikkien osapuolten tuen. Teksti oli paikoittain vaikeasti ymmärrettävää, mutta se kuvasi tilanteen vuonna 2008 mahdollisimman uskollisesti.

Jälleen puuttui kohtalo peliin. Jäsenvaltioiden toivomuksesta päätettiin yhdistää siviilikriisinhallinnan ja sotilaallisen kriisinhallinnan strateginen suunnittelu. Kirjoitin vielä kuudennentoista version, jossa tämä oli otettu huomioon. Sitä ei kuitenkaan enää juuri noteerattu, koska seuraava vaihe olisi EU:n uusi ulkosuhdehallinto, joka laittaisi palikat uuteen järjestykseen vielä kerran.

Uusista kriisinhallintamenettelyistä sovittiin vasta viisi vuotta myöhemmin.

Päätettiin myös päivittää kuvaus EU:n poliisimissioiden toiminnasta. Tarkoitus oli tiivistää niin sanottuun konseptiin EU:n poliisioperaatioiden tarkoitus ja tehtävät. Se onnistui paremmin, vaikka eräät jäsenvaltiot arvioivat, että poliisioperaatioita ei kannattaisi juuri enää pystyttää. Ne eivät ratkaise turvallisuusongelmien syitä.

Keskustelu siirtyi näin ollen koko turvallisuussektorin uudistamiseen. Se oli kriisinhallinnan vahvin trendi, ja kysyntä EU:n panokselle oli suuri.

Päätettiin luoda EU:n turvallisuusasiantuntijoiden rekisteri, josta voitaisiin poimia tarvittavat voimat EU:n operaatioihin lyhyellä varoitusajalla. Rekisteri saatiin pystyyn, mutta sisäisen kinastelun vuoksi ei saatu aikaiseksi linjausta siitä, miten EU:n operaatioiden on tarkoitus turvallisuussektoria uudistaa.

Syyskuussa 2008 osallistuin Ruotsin Korkealla Rannikolla seminaariin, jossa pohdittiin EU:n siviilikriisinhallintaa. Illalla katselin asuntolan televisiosta, kun Yhdysvaltain edustajainhuone hylkäsi hallinnon ehdottaman kriisipaketin, jolla oli tarkoitus pitää maailman talousjärjestelmä pystyssä. Saisinkohan paluumatkalla automaatista rahaa? Olinko oikeassa paikassa?

Vuonna 2009 vietettiin EU:n kriisinhallintakapasiteetin kymmenvuotisjuhlaa. Aiheesta julkaistiin katsauksia, jotka keskittyivät saavutusten esittelyyn. Operaatioita oli ympäri maailmaa, ja paljon oli saatu aikaan.

Samalla alkoi kuitenkin tuntua siltä, että eväät oli syöty loppuun. Selvä merkki tästä oli jäsenvaltioiden haluttomuus pystyttää uusia kriisinhallintaoperaatioita. Helsingin Eurooppa-neuvostossa 1999 tehty lupaus 60

000 hengen reservistä tuntui täysin oudolta uusissa oloissa. Mihin tarvittaisiin 60 000 EU-sotilasta?

Loppuvuodesta 2009 aloin entistä enemmän vilkuilla sivuille. EU:n turvallisuuspolitiikka on Suomessa suuressa arvossa mutta sisältä katsottuna se näytti kulkevan kohti hidasta näivettymistä. Voisinko tehdä jotain muuta?

Joulukuussa sain yllättävän kutsun haastatteluun. Eurooppa-neuvoston uusi puheenjohtaja, Herman Van Rompuy, oli pystyttämässä kabinettiaan, ja sinne tarvittiin reipas ja nuori virkamies. Sekavin tuntein selitin näkemyksiäni ja esitin reipasta ja nuorta.

18. Huipulla

Eurooppa-neuvoston puheenjohtajan kabinetti oli eräänlainen dream team. Se kattoi yllättävän hyvin kaikki jäsenvaltiot ja molemmat sukupuolet. Kabinetti kokoontui päivittäin pohtimaan maailman menoa. Suuri osa ajasta kului velkakriisin ihmettelyyn.

Presidentti itse oli mahdottoman mukava mies. Hän vaikutti kaikissa olosuhteissa hämmästyttävän rauhalliselta.

Tehtäviini kuuluivat muun muassa Latinalaisen Amerikan maiden kanssa järjestettävät huippukokoukset Espanjassa. Niitä oli suunnitteilla peräti seitsemän kappaletta kolmen päivän sisällä.

Kokoilin aineistoa pitkin kevättä ja huippukokousten alla koostin papereista mapin, joka oli noin kahdeksan sentin paksuinen. Viimeisenä viikonloppuna yritin epätoivoisesti tiivistää viestejämme puhenuottien muotoon. Asettuessani lentokoneeseen tarkistin useaan otteeseen, että muistitikku oli taskussani. Se oli tullut niin täyteen, että maiden kartat eivät mahtuneet mukaan.

Huippukokoukset järjestetään suljettujen ovien takana. Pääministerit ja presidentit istuvat neuvottelupöytään ja virkamiehet takariviin, josta neuvottelijoille työnnetään tarvittaessa ohjelappuja.

Käytännössä neuvottelu on useimmiten valmiiden puhetekstien lukemista, jossa tärkeintä on tarkistaa että puhuja käyttää asiakohtaan tarkoitettua tekstiä.

Vasta Espanjassa minulle selvisi, miksi kukaan muu ei halunnut huippukokousputkea hoitaa. Jokaisen huippukokouksen jälkeen ryhdyttiin valmistelemaan seuraavaa, ja jostain oli taiottava uuden puhenuotit. Niitä tyypillisesti kirjoitettiin uusiksi valmistelukokouksissa, minkä jälkeen juoksin muistitikkuineni hotellin bisnes-keskukseen kirjoittamaan tekstiä uusiksi ja printtaamaan. Kun kaikki työpisteet oli varattu, en voinut muuta kuin odottaa muiden istuessa vaivautuneina valmistelupöydässä aikaa tappaen.

Saavuttaessa viimeiseen kokouspäivään akkuni olivat tyhjät. Viimeisessä valmistelupalaverissa huomasin kauhukseni, että puhuttiin täysin vääristä maista. Kokouksen jälkeen pyysin kaikkien mapit jälleen päivitystä varten itselleni ja työnsin vähin äänin oikeat paperit sisään.

Paluulennolla nukahdin lentokoneen vessaan, ja oveen jouduttiin koputtamaan voimallisesti, jotta minut saatiin ihmisten ilmoille.

Marraskuussa kohtalokseni koitui valtava EU-Afrikka-huippukokous, johon osallistui 80 valtuuskuntaa. Ihmettelin miten puheaikaa riittäisi kaikille. Tällä kertaa mappi oli kuitenkin hiukan ohuempi ja puhenuotit ojennuksessa jo lähtiessä.

Kokous järjestettiin Libyassa, ja minua vaivasi omituinen hermostuneisuus. Kun pääsin konferenssikeskuksen aidan ääreen, tajusin mihin olin tullut. Pienestä raosta tunki sisään satapäinen joukko kokousdelegaatteja. Raon takana oli yksi (1) metallintunnistin ja valtava joukko maastopukuisia miehiä. Tilanne oli riistäytyä käsikähmäksi.

Lopulta löysin tieni kuitenkin kokoussaliin, jonka ovella sain jälleen opetella väkijoukossa änkemistä. Avauspuheenvuorojen jälkeen alkoi loputon puheenvuorojen virta. Oltiin edelleen kuusikohtaisen asialistan alkupäässä, kun jouduimme lähtemään kaksipäiväisen puhemaratonin jälkeen.

19. Levolle lasken luojani

Yksi omituisista harrastuksistani on vessojen oviin ja seiniin kirjoitettujen tekstien tutkinta. Luen ne aina huolellisesti ja kuvittelen, että ne kertovat jotain tosiolevaisesta.

EU:n neuvoston vessat ovat tässä mielessä ikäviä. Niissä on ani harvoin mitään luettavaa. Eräänä päivänä löysin kuitenkin mielenilmaisun, joka kertoi mielestäni kaiken olennaisen. Sikainfluenssan myötä vessoihin oli ilmestynyt tarra, jossa todettiin että on syytä pysyä kotona, jos on kipeä. Tekstin perään oli kirjoitettu siistillä käsialalla "tai kuollut".

Syyskuu 2010 eteni omituisessa autopilottiohjauksessa. Eurooppa-neuvosto ei innostunut syvälliseen keskusteluun EU:n ulkosuhteista vaan päätti sen sijaan ryhtyä pohtimaan, miten hoidetaan "romaniongelma". Ihmettelin, miksei kukaan huomannut tilanteen symbolista traagisuutta.

Itse valmistelin tulevaa huippukokousta Etelä-Afrikan kanssa. Asialista oli pitkä, mutten millään keksinyt uutta sanottavaa. Päädyin kirjoittamaan entiset sanomiset suuremmalla paatoksella.

Helteisenä perjantaina laitoin onnettoman paperikasani monistukseen ja lähdin etsimään ravintolaa, jossa eräs suurlähettiläs halusi puhutella minua.

Ravintola oli suuren hotellin yläkerroksissa ja se oli tyypillinen diplomaattiloukko, intiimi mutta tappavan tylsä. Suurlähettiläs ryhtyi saman tien markkinoimaan maansa varapresidentin Brysselinvierailua. Varapresidentti halusi ehdottomasti tavata Euroopan presidentin.

Yritin selittää, etten siltä istumalta voi luvata mitään. Pyysin tapaamispyyntöä koskevaa kirjettä ja lupasin palata asiaan. Keskustelu lopahti, ja suurlähettiläs oli ärtyneen oloinen. Omakin oloni muuttui omituisen hermostuneeksi, aloin hikoilla ja huomasin käsieni tärisevän. Ei kai nyt yksi varapresidentti ole tämän arvoinen?

Yritimme puhua niitä näitä. Kehuin suurlähettilään kotimaan rakentavaa alueellista panosta. Oloni muuttui kuitenkin koko ajan huonommaksi. Kädet alkoivat puutua ja rinnassa oli omituinen pakottava tunne. Pumppu! Ei nyt!

Join kiivaasti vettä mutta suun kuivuus jatkui. Tilasin punaviinin. Ei vaikutusta. Nieleminen vaikeutui ja rintakipu muuttui pistäväksi. Pohdin nousisinko hienostoravintolan tuolista elävänä. Huomasin alitajuntani nöyrtyvän rukoukseen: "päästä minut pahasta!"

Juuri sillä hetkellä suurlähettilään puhelin soi. Hän katsoi numeroa, nousi pöydästä sanomatta mitään ja häipyi jonnekin.

Yritin saada hengitykseni tasaantumaan. Ehkä olen vain stressaantunut, ja olo kohta paranee. Näykin pihviäni mutta en saanut syötyä. Haarukka ei meinannut pysyä tunnottomassa kädessä.

Alkueläin sisälläni nosti minut pystyyn, marssin mitään miettimättä hissiin, löysin taksin ja sanoin kotiosoitteeni.

Kotona asetuin sängylleni. Haukoin ilmaa kuin kala. Kaivoin taskustani kännykän, jonka akku oli tyhjä. Jotain oli tehtävä. Muistin lääkelaatikkoni. Tyhjensin yöpöydälleni kasan magnesium-, b-vitamiini- ja omega 3 -tabletteja. Nielin niitä väkisin.

Sammutin valot ja oikaisin selälleni. Kadulta kuului koulusta palaavien lasten kiljahduksia. Tässäkö tämä oli?

En keksinyt muutakaan, joten ristin kädet ja supisin "jos sijaltain en nousisi, taivaaseen ota tykösi".

Kipu rinnassa hellitti kuin taikaiskusta.

20. Liftarin opas Lissabonin sopimukseen

Ensimmäinen kosketukseni Lissabonin sopimukseen tapahtui flaamilaisella uimarannalla kesäkuussa 2007. Olin lähtenyt juhannuksen viettoon syrjäiseen lomakylään ja printannut matkalukemiseksi puheenjohtajavaltio Saksan ehdotuksen siitä, miten hylätty Euroopan perustuslaki muutettaisiin viattomaksi olemassa olevien EU-sopimusten tarkistamiseksi.

Satoi. Katselin kun poikani rakensivat hiekkalinnoja ja silmäilin tekstiä. Ensi lukemalla siitä ei saanut juuri selvää. Ihmettelin pelkästään, miten koko rotla oli mahtunut niin vähään tilaan. Olihan epäonninen perustuslaki ollut pöytäkirjoineen noin 400 sivun mittainen.

Esitys oli kuitenkin yksinkertaisuudessaan nerokas. Kun kerran uutta perustuslakia ei haluta, muutetaan jo olemassa olevia sopimuksia niin kuin on aina ennenkin tehty.

Vaikka Lissabonin sopimuksen hyväksyminen oli mutkikas ja pitkällinen prosessi, alkuperäinen suunnitelma toteutui: saatiin jälleen uusi, tarkistettu EU-sopimus, jossa oli vain kaksi osaa - sopimus Euroopan unionista ja sopimus Euroopan unionin toiminnasta.

Tuo sopimus on kaikkien luettavissa kaikilla EU-kielillä internetissä. Teksti on suunnilleen yhtä helppolukuinen kuin Suomen perustuslaki, tosin paljon pidempi.

Suomen hallituksen esityksessä, joka koskee Lissabonin sopimuksen voimaansaattamista (HE

23/2008 vp), todetaan että *"Suomen keskeiset uudistustyötä koskeneet tavoitteet, kuten pilarirakenteen poistuminen sekä unionin päätöksentekokyvyn ja sen kansainvälisen toimintakyvyn tehostaminen, kuitenkin toteutuvat."*

Eduskunta hyväksyi sopimuksen voimaansaattamisen hallituksen esityksen mukaisesti. Se oli luonnollista, koska eduskunta oli hyväksynyt myös kaatuneen EU-perustuslain.

Mutta onko pilarirakenne poistunut ja onko unionin päätöksentekokyky ja kansainvälinen toimintakyky tehostunut?

Oikea vastaus on, että emme vielä tiedä. Sen voimme kuitenkin sanoa jo nyt, että tällaista ihmettä ei ole tapahtunut Lissabonin sopimuksen toimeenpanon alussa. Pilarit jatkavat elämäänsä, päätöksenteko on edelleen hidasta ja kansainvälinen toiminta hapuilevaa.

Oliko Lissabonin sopimus siis virhe?

Vastaus on ei. Asiat voisivat olla paljon huonomminkin. Lissabonin sopimus oli hyvä yritys, joka jäi puolitiehen. Tämä koskee varsinkin taloushallintaa ja ulkosuhteita. Kun oli kulunut vain vuosi Lissabonin sopimuksen voimaantulosta, jäsenvaltiot olivat jo päättämässä sopimuksen muuttamisesta, jotta se vastaisi paremmin velkakriisin haasteisiin.

Ulkosuhteissa ei ole vielä päädytty johtopäätöksiin, mutta sekin aika tulee.

Lissabonin sopimus loi kaksi uutta toimijaa unionin ulkoiseen edustamiseen - Eurooppa-neuvoston puheenjohtajan eli presidentin ja korkean edustajan. Heidän lisäkseen paikalle jäi komission puheenjohtaja, joka katsoo edustavansa unionia kaikessa muussa kuin ulko- ja turvallisuuspolitiikassa. Korkealle edustajalle luotiin myös oma valmistelukoneisto, EU:n ulkosuhdehallinto. Presidentillä on vain pikku kabinettinsa.

Tuloksena oli valitettava sekasotku. Ei saatu tehostettua kansainvälistä toimintakykyä vaan tehostettiin valtataistelua. Kun toimijoita on enemmän mutta toimivaltaa yhtä paljon kuin ennen, väistämätön seuraus on jatkuva nokittaminen ja varpaille astuminen. Se on EU:n kaltaisessa järjestelmässä tuhoisaa, koska kilpaileva profiloituminen on niin läpinäkyvää. Enää ei tarvitse etsiä Euroopan puhelinnumeroa, koska niitä on useampia.

Mitä asetelmalle pitäisi tehdä?

Yksi vaihtoehto olisi palata vanhaan ideaan, jonka mukaan Eurooppa-neuvoston puheenjohtajaksi valittaisiin komission puheenjohtaja. Tämä olisi eräässä mielessä institutionaalisesti looginen ratkaisu mutta se ei menisi ikinä läpi. Suurten jäsenvaltioiden tuntema epäluottamus komissioon on saanut niin suuret mittasuhteet, että komission marginalisoitumista ei voi tällä hetkellä pysäyttää.

Onko EU siis tuomittu kahden presidentin ja yhden ulkoministerin loukkuun?

On. Pilarirakenne elää edelleen vahvana jäsenvaltioiden mielissä ja niitä miellyttää ajatus jäsenvaltioiden johtoroolista. Siksi Eurooppa-neuvoston puheenjohtaja on saanut niin näkyvän roolin sekä ulko- että talouspolitiikassa.

Korkea edustaja on tässä norsujen tanssissa jäänyt jalkoihin. Hänelle ei ole syntynyt selvää omaa profiilia.

Lissabonin sopimus on siis tuottanut kolmipäisen johtotroikan, joka hakee toimivaltuuksiaan tapaus kerrallaan – sekä sisällään että suhteessa jäsenvaltioihin. Tällaisesta rakennelmasta ei ollut juuri viitteitä hallituksen selonteossa Lissabonin sopimuksen voimaansaattamisesta.

21. Mahdollisen taide

Joskus 1980-luvun loppupuolella esitettiin TV-ohjelmaa, jossa kaksi henkilöä väitteli jostain valitsemastaan ajankohtaisesta aiheesta.

Erityisesti jäi mieleeni Sam Inkisen ja Ilkka Kanervan väittely EY:stä. Sam Inkinen katsoi, että Suomen tulisi pyrkiä läheisempään yhteyteen Euroopan yhteisön kanssa. Ilkka Kanerva sanoi suunnilleen niin, että "minä olen varmaan sitä viimeistä ikäpolvea, joka sanoo sinulle, että lue historiasi".

Arvelin, että Ilkka Kanerva saattaa olla oikeassa.

Syksyllä 1988 istuin Åbo Akademin täpötäydessä auditoriossa kuuntelemassa Paavo Väyrysen väitöstilaisuutta. Väyrynen ennusti, että Euroopan integraatio ei tule etenemään. Siksi Suomen ei tule rakentaa tulevaisuuttaan sen varaan.

Arvelin, että Paavo Väyrynen saattaa olla oikeassa.

Talvella 1995 eräs pitkän uran tehnyt kollega istui vastapäätä ulkoministeriön ruokalassa ja kysäisi ohimennen, mihin olin ajatellut erikoistua.

Kerroin totuudenmukaisesti, etten tiedä. EU:sta tiedän jonkin verran, mutta opin mielelläni jotain uutta.

Kollega sanoi, että EU on niin kuin ETYJ. Se on kovin muodikas jonkin aikaa, ja sitten keksitään jotain muuta.

Arvelin, että kollega saattaa olla oikeassa.

25.3.2007 siivoan olohuoneessani ja katselen sivusilmällä Rooman sopimuksen 50-

vuotisjuhlallisuuksia televisiosta. Tilaisuudessa on lievää pönäkkyyttä mutta myös omalaatuista iloa.

Kun *Oodi ilolle* alkaa soida, istun alas ja laitan äänen kovemmalle. Täysin yllättäen vierähtää kyynel poskelle.

"Miksi isi itket?", kysyy poika. En pysty vastaamaan.

Lapinlahden Lintujen keikoilla esiintyi 1990-luvun puolivälissä sketsi, jonka hahmoina olivat Suomi-neito sekä Helmut ja Jacques. Sketsin juoni oli yksinkertainen: Suomi-neito lähti herrojen matkaan hyvässä uskossa mutta päätyi lopulta antamaan heille sekä edestä että takaa.

Tuo sketsi alkoi usein naurattaa minua täysin väärissä paikoissa - kuten EU-sihteeristön kokouksissa.

Hauskimmat vitsit syntyvät asioista, jotka ovat noloja tai herkkiä.

Jukka Relander on osunut mielestäni naulan kantaan arvioidessaan, että suomalaisten halu eurooppalaistua perustuu huonoon itsetuntoon. Pohdimme miten meidän tulee muuttua kelvataksemme Eurooppaan. Tällainen kysymys on täysin mieletön vaikkapa ranskalaisille tai ruotsalaisille.

EU:n ytimen etsintä on hyvin suomalainen harrastus. Se on osa suomalaisen sisäänrakennettua halua ankkuroida olemassaolonsa johonkin. Usein käy kuitenkin niin, että ydin on ikään kuin kangastus, joka pakenee seuraajaansa.

On hätkähdyttävää huomata kuinka moni ydin-Euroopan perusasiakirjan, niin sanotun Schäuble-Lamers-paperin ehdotuksista on jo toteutunut. Siinä ehdotettiin muun muassa EU:n toimivallan selkeämpää rajaamista, yhteisen ulko- ja turvallisuuspolitiikan vahvistamista ja laajentumista itään. Asiakirja julkaistiin 1.9.1994, joten suurin osa tästä kehityksestä on tapahtunut Suomen EU-jäsenyyden aikana.

Ydin-Eurooppa ei siis ole syntynyt itsekseen vaan Suomen tuella. Suomi on rakentanut ytimen itsensä ympärille.

Hämmennyksemme EU:n suunnasta voi johtua juuri siitä, että matkamme kohti ydintä on päättynyt. Olemme saapuneet perille.

Samalla on kasvanut yksi sukupolvi, jonka koko aktiiviura on kulunut EU-Suomessa. Sille EU ei ole suurprojekti vaan jokapäiväistä leipää. On istuttu neuvottelemassa EU-säädöksistä, muodostettu niistä

Suomen kannanottoja tai hoidettu EU-hankkeiden toimeenpanoa.

Jos EU on siis eliitin projekti niin kuin väitetään, tuo eliitti kattaa suurimman osan Suomen julkishallinnosta.

Kun EU on joka aamu vastassa työpöydällä, siitä tulee kuin tietokoneohjelma - työväline, josta on vaikea sanoa mitään yleistä. Se elää ja kehittyy omalla tavallaan mutta sitä on vaikea rakastaa.

Siksi on omituista puhua esimerkiksi EU-asiantuntijoista. Eiväthän suomalaiset poliitikot tai virkamiehet ole myöskään ensisijaisesti valtioneuvosto- ja eduskunta-asiantuntijoita, vaikka niitä enimmäkseen käyttävät päätösten aikaansaamiseen.

Suomalaisten pragmaattisuudessa on paljon hyvää. Suomalaiset eivät pohdi jatkuvasti, onko koko touhussa mitään järkeä ja olisiko kaikki silti paremmin EU:n ulkopuolella.

On kuitenkin sääli, että EU:n luonteen pohdinta on kokonaan kadonnut suomalaisesta keskustelusta jäsenyysneuvottelujen jälkeen. Itsenäisyyden ja liittoutumisen suhde on Suomelle yhtä tärkeä nyt kuin 20 vuotta sitten. Meidän pitäisi jatkuvasti kysyä, onko se EU jossa olemme mukana toiveidemme mukainen. Halusimmeko tätä vai halusimmeko jotain muuta? Jos halusimme toisenlaisen EU:n, millainen se olisi?

EU on myös monen tarinan näyttämö. Siihen pätee sanonta "pellet vaihtuu, sirkus jää". Kokoussaleissa ja käytävillä menneisyydestä muistuttavat vain satunnaiset valokuvat merkkihenkilöistä ja avainhetkistä. Palavimmatkin puheenvuorot unohtuvat ennen pitkää.

Kulissit ovat kuitenkin osa näytelmää. Jos ne poistettaisiin, puheenvuorot kaikuisivat tyhjille seinille ja ne kuulostaisivat kolkommilta.

Tai sitten puheet siirtyisivät jonnekin muualle.

Kevättalvella 2014 seison ihmisjoukossa Säätytalolla erään korkean virkamiehen läksiäisissä. Häntä on saattelemassa eläkkeelle joukko entisiä presidenttejä, ministereitä, kansanedustajia ja suurlähettiläitä. Myös suuri osa nykyisistä vallanpitäjistä on paikalla. Osallistujien keski-ikä on kuudenkympin paikkeilla.

Tajuan, että olen vain kymmenen vuotta nuorempi. Kohta siirryn itse eläkkeelle. Mihin nämä vuosikymmenet ovat menneet? Olenko saanut jotain aikaan?

Minulla ei ole aavistustakaan.

Epilogi

Olin jättää taloustieteen opintoni kesken. Minusta alkoi jo puolentoista vuoden opiskelun jälkeen vaikuttaa siltä, että taloustiede oli vain joukko mielivaltaisia sääntöjä ja niiden varaan rakennettua tarinaa. Jos tarina ei sopinut sääntöihin, muutettiin sääntöjä. Jos taas jonkin säännön ympärille ei löytynyt tarinaa, tarina keksittiin.

Kaikki muuttui, kun aloin seurata apulaisprofessori Veikko Reinikaisen luentoja kansainvälisestä taloudesta. Ne olivat kiehtova sekoitus uusklassista taloustiedettä, kansainvälisen talouden tosiasiallista kehitystä ja ilmiöiden "ihmettelyä". Reinikainen opasti lähestymään maailmaa Havukka-ahon ajattelijan tavoin, ihmetellen.

Oleskellessaan Saksassa 1960-luvun alussa Veikko Reinikainen havahtui siihen, että Suomi oli jäämässä syrjään Länsi-Euroopan kehityksestä. Hänen vuonna 1969 painetun väitöskirjansa keskeisin viesti oli, että vapaakaupasta saatava hyöty on ehdollista. Se vaatii taloudelta muuntautumiskykyä.

Reinikainen piti ensimmäisiä tekstejäni avuttomina, koska niissä menivät asioiden sisältö ja niiden syyt sekaisin. Hän korosti, että pitää ymmärtää ilmiön luonne ennen kuin ryhtyy sitä selittämään. Ajattelua ei saa päästää herpaantumaan.

Reinikaisen kärsivällisessä ohjauksessa aloin pikku hiljaa käsittää maailman menoa, ohjatun ihmettelyn myötä. Aloin ymmärtää talouden ja politiikan mutkikasta vuorovaikutusta, sääntöjen ja tarinan vuoropuhelua.

Sille tielle jäin.

Veikko Reinikainen poistui tietäni valaisemasta heinäkuussa 2000.

Liite: Kronologia

1992: Suomen EU-hakemus jätettiin

1993: Maastrichtin sopimus tuli voimaan ja Euroopan yhteisöstä tuli Euroopan unioni

1994: Suomen EU-jäsenyyssopimukset hyväksyttiin

1995: Suomesta tuli EU:n jäsen

1999: Amsterdamin sopimus tuli voimaan, Suomen ensimmäinen EU-puheenjohtajuus

2003: Nizzan sopimus tuli voimaan

2006: Suomen toinen EU-puheenjohtajuus

2009: Lissabonin sopimus tuli voimaan.